ブッダ入門

中村元

春秋社

はしがき

仏教の開創者である釈尊（ゴータマ・ブッダ）という人が、どのような生涯を送り、どのような思想をいだいていたか、ということを重点的に解明するのが本書の目的である。釈尊の生涯を述べた書としては、古来「仏伝」なるものが多数伝えられているが、それらは釈尊を讃えるあまり、幾多の神話・伝説にまとわれているために、まるで妖怪談を読むような印象を与える。しかしいかなる神話・伝説の奥にも、それのもとづく歴史的事実があったにちがいない。

それを解明するために、先般春秋社で主催された連続講演会において話したことを筆録し、新たな視点から吟味したものがこの小著である。

ここに登場するのは、一人の偉大な人間としてのゴータマ・ブッダである。神話的な聖者としてではなくて、生き生きとしたかれの真実のすがたが現われる。

かれは突然天から降ってこの世に現われてきた存在ではなくて、南アジアの風土のうちに歴史的社会的な幾多の諸条件・制約のもとに、生まれ、育ち、活動し、死んでいったのである。その事情を吟味することによって、はじめてゴータマ・ブッダ出現の世界史的意義を、われわれは理解することができる。

私は以前にもゴータマ・ブッダの生涯について若干の書を著わしたが、また今後もものするであろう。それらに比してこの著作は一般的通俗的であるが、しかし従前の書が文献解説にもとづいたものであるために、ゴータマ・ブッダの文明史的意義についてはなお解明の不十分なところがあったように思われる。

ところが、この『ブッダ入門』は、文明史的意義の解明という点では、はるかに大胆であり、新しい。世界のなかでのブッダの意義の解明という点で、やはりこの書は独自の意義をもっていると自負しうるものであるかと思う。少なくとも従前の類書にはないものを汲みとっていただけるのではなかろうか。

刊行に当たっては、春秋社社長神田明氏と同編集部佐藤清靖氏のお世話になった。記して謝意を表する。

一九九一年七月一八日

中村 元しるす

ブッダ入門

目　次

第一章　誕　生　*3*

第二章　若き日　47

第三章　求道とさとり　87

第五章　最後の旅　181

ブッダ入門

第一章　誕生

一　はじめに

アーガマとダルマとディーン

仏教はゴータマ・ブッダといわれる歴史的人物によって創始された宗教です。民族の生成とともに、自然発生的にできあがった宗教ではありません。仏教といわれる教えを説いた一人の歴史的人物がいて、その人によってひろめられた教えなのです。それでは、その人物は実際にどのような生涯を送り、どのような教えを説いたのでしょうか？

かれの生涯を讃美した「仏伝《ぶつでん》」と呼ばれる書物は昔からいくつも伝えられています。しかしそれらは、まるで妖怪譚のような奇蹟の物語と、誇張した讃辞にみちていて、ゴータマ・ブッダが実際にどのような人であって、地上でどのような生活をしたのか、ということを伝えてくれません。

われわれはその実際を知りたいのです。

これから五回にわたり、ゴータマ・ブッダについてお話をしていきたいと思います。ゴータマ・ブッダというと耳新しくお感じになる方もいらっしゃるかもしれませんが、お釈迦さま、あるいは釈尊といえば、どなたもなじみ深いでしょう。

このゴータマ・ブッダ、釈尊と呼ばれる人の思想を検討する資料としては、パーリ語の聖典、これは東南アジアに伝えられています。それから、これに対応する漢訳仏典の阿含《あごん》経《ぎょう》があります。「阿含」というのは「アーガマ」です。若干の言語においては、最後のa音が落ちるのです。それを音写したのです。これは、伝承、伝える、あるいは伝えられた聖典という意味です。

最近私はインドネシアのある知識人に会う機会があって、宗教ということを何というか尋ねました。西洋の言葉では、レリジョンといいますね。インドではそれに対応する言葉は、ダルマといいます。インドネシアでは、ダルマといわずにアーガマというそうです。つまり、インドネシアはイスラムの国ですが、言語としてはインド系のものが多く使われているのですね。だからアーガマというのです。

他のイスラム諸国では、宗教のことをディーンといいます。アラビア系の諸言語では、ディーンという言葉を含んで名乗っている人の名前が多く伝えられていますが、この「ディーン」が信仰とか宗教とかいう意味です。わが国では、宗教という言葉を仏典の中から見いだして、これをレリジョンの訳語にしました。これらの言葉がだいたい対応するのです。宗教とは何ぞやということは、今までも問題にされているし、今後も問題にさるべきことですから、ご参考になるかと思って述べてみました。

「ゴータマ・ブッダ」と「仏陀」

ゴータマ・ブッダという名前ですが、これはパーリ語でゴータマ・ブッダというので、これを採用したのですが、アジアの仏教文化圏全般としては、あるいは他の名前のほうが適切かもしれません。サンスクリット語では、ガウタマ・ブッダといいます。

ブッダというのは「目覚めた人」という意味です。対象を知覚するというときにも、ブドという動詞をインドでは使います。われわれは無明《むみょう》の闇の中でうとうととまどろんでいる。ぱっと衝撃を与えて目を覚まさせる。眠りの中でまどろんでいるのが、ぱっと目が覚めたという意味で、ブッダといいます。これを漢訳の経典では覚者と呼んでいます。英語では、目覚めた人という意味で、ジ・アウェイクンド・ワンという訳語を使っています。人間が無明の夢の中をうとうととまどろんでいる。そこを禅の警策でもってばしっとやられると、ぱっと目が覚めるでしょう。そういうものだというのです。そういう人は真理をさとった人ですから、ジ・エンライトンド・ワンという言い方もあります。こういう意味が含まれているとお考えください。

このブッダという音を「仏」という字で写したのです。後には「仏陀」とも書きます。これは玄奘三蔵《げんじようさんぞう》以後のことです。古い時代には「仏」だけで写している場合が多い。最初の時期の仏典は、中央アジアの言語で書かれたものがシナに伝えられたのです。「シナ」というのは、「秦」からきた呼び方で、漢民族の領域という意味です。中央アジアの言語では、おそらく語の終わりのa音が脱落したのだろうと思います。「ブッド」となるのです。これだと「仏」一字でちょうど音が合うのですね。

ところが、玄奘三蔵の頃になると、インドのサンスクリットの原典から写すということになって、サンスクリットに忠実であることが要請されるようになったので、「仏陀」と書くようになりました。ですから、「仏」一字だけでもいいのです。

なぜこういう字を使ったかという問題があります。もうお亡くなりになりましたが、諸橋轍次先生、『大漢和辞典』をお作りになった方ですが、あの先生と対談したことがあります。そのとき先生は、あくまで自分の想像だがといって、こうおっしゃった。

「仏」は本来「佛」と書きますね。それで、「弗」という字には否定の意味がある。漢文では「～にあらず」というとき、この字を使うでしょう。具体的な例についていうと、水をわかしてお湯にすると沸騰します。この「沸」には否定の意味が含まれているというのです。つまり、水をわかして湯にすると湯気が出てきます。水蒸気になる。水蒸気というのは、もとは水だけれども、水にあらざるものです。水でありながら、水にあらざるものになるのです。

仏ももとは人間なのです。凡夫です。しかし、修行の結果すぐれた特性がそこに具現されて、人間でありながら人間ならざるものになった。神さまではないのです。どこまでも人間です。しかも人間を超えたものである。だからこういう字を使ったのだろう。諸橋先生はこうおっしゃいました。

それはありうることです。なぜなら、「ブッド」という音を写す漢字はいくらでもあります。その中で、わざわざこの字を使ったのはなぜか。サンスクリットを漢字に音写した場合には、たんに音を写すだけではなくて、いろいろな意味を考慮して写していることがあります。諸橋先生はそういう可能性を指摘されたのです。

ほかの専門家の方々にうかがってみると、それはありうることだといいます。それはどうかな……という学者もいるのです。賛成するにしても反対するにしても、証拠がないからむずかしいのですが、諸橋先生のような方が百年近くも研究をなさって達せられた結論の一つですから、ここで紹介しておきます。

だから、人間でありながら真理をさとった人がブッダなのです。

それから「ゴータマ」ですが、サンスクリットでは「ガウタマ」です。パーリ語では「ゴータマ」といいます。パーリ語では「アウ」の音を縮めて「オー」にするのです。「ゴータマ」とパーリ語でいう場合のほうが多いから私はこれを使っていたのですが、スリランカに行って驚きました。一般には「ガウタマ」と言うのです。

これはなぜかというと、十二、三世紀以降、スリランカではサンスクリットの影響が非常に強くなるのです。すでにインド本土では四世紀頃からサンスクリット復興という現象がありましたが、おそらくその影響を受けたのでしょう。十世紀以降、スリランカでは、サンスクリットの単語が非常に多くなる。私がセイロンに行って、大学の総長などの演説を聞いていると、サンスクリットで話しているのではないかなと思うほど、サンスクリット系の言葉が多いのです。シンハラ語で話しているのですが、サンスクリット系の発音を保存している。そうすると南でも北でも、「ガウタマ」という呼び名のほうが一般的だということがいえることになります。

ただ、私たちの問題として考えてみると、「ガウタマ」という発音はしにくい。「ゴータマ」のほうが楽です。「ガウタマ」は四シラブルですが、「ゴータマ」は三シラブルです。仏教を人々に近づける、あるいは歴史上の人物としての釈尊を人々に近づけるには、やはり発音はしやすいほうがいい。「ゴータマ・ブッダ」というのはパーリ語の言い方ですが、これを用いるほうが近づきやすいのではないかと思って、それで私は「ゴータマ・ブッダ」という呼称を使っています。

私がこの表現を使った最初は、岩波文庫で『ブッダの言葉』という『スッタニパータ』の訳を出したときです。そのときは出版社でも片仮名で「ブッダ」と書くのにだいぶ抵抗がありました。けれども、このほうが近づきやすいから、やってごらんなさいといったのです。仏教界からも相当異論はあったのです。どうもありがたみがないというのですね。けれどもだんだん世の中が変わって、この頃では「ゴータマ・ブッダ」という呼び名がかなり一般化して、築地本願寺などでも、お勤めのあとに唱えられる詩の中で「ゴータマ・ブッダ」といっているようです。そのほうが一般の人には近づきやすいのですね。人でありながら仏さまの境地に達せられたのですから、私はこれでいいと思います。

インドの社会生活と仏典

もとはゴータマ・ブッダの伝記を書くとなると、昔から伝わっている仏伝の漢訳にもとづいて書いていたのですが、この頃はインド学一般の研究が進歩して、外の方から確かめることができます。それから考古学的な研究、発掘もだんだん行なわれています。昔の人は、お釈迦さまの生涯を頭の中で考えただけです。最近はみなさんインドへ行くでしょう。インドへのツアーがたいへん楽になりました。するとじかに知ることができる。私自身も、向こうへたびたび行って、じかに知ることが多い。それによって従来の知識を修正することができます。

そのいちばんいい例として、玄奘三蔵がインドに行って『大唐西域記《だいとうさいいきき》』という旅行記をまとめましたが、それを絵にした書物があります。鎌倉時代のはじめに書かれた玄奘三蔵絵伝があるのです。それを見ると、玄奘三蔵がインドを旅行した、そのあちこちの場所のシーンが、絵で描かれています。日本画の、とてもいい絵です。その中で、インドの婦人の服装がみんな十二単なのです。鎌倉時代の人は、サリーというものを知らなかった。それはそうでしょうね。

それから、玄奘がストゥーパを拝んだという場面がたくさんあります。今は写真でも見ることができますから、ストゥーパというのはサーンチーにあるような大きな土饅頭のようなものだと、どなたもご存じです。けれども鎌倉時代の人はそれを知らないから、細長い板を大きくした柱のようなものを描いています（一三ページ参照）。それ以外に想像できなかったのです。今日は実状を知り、のみならずインド人のいろいろな習俗、日本人には想像のできないような習俗が、じかにわかるようになりました。それによって仏典の解釈も、ずいぶん楽にできるようになりました。

もうひとつ例をあげましょう。私たちは、会うとお互いにお辞儀をします。インドの人は合掌をします。人間どうしでも合掌なのです。日本では首相が自衛隊を閲兵するときには、片手を挙げて挙手の礼をします。ひと昔前の軍人さんなら軍隊式の敬礼です。故ガンジー首相が閲兵している場面を何かで見たことがありますが、隊伍を整えて進む軍隊に対して、ガンジー首相はサリーを着て合掌するのです。かれらの日常のしぐさですから、別におかしくはない。こういうことも、現地の習俗を見るとわかります。

仏典を解釈するときも、それで説明のつくことがいくらもあるのです。そういう現地での見聞にもとづいてみると、お釈迦さまの一生がもっと明確なかたちで理解できるようになります。

二　家系と風土

釈迦族

釈尊の家系については、仏典の中にも出ています。かれらの血筋については、いろいろなことが出ています。釈迦族はとなりのコーリヤ族と親族関係にあったのですが、しかもお互いに批判をかわしていた。コーリヤ族の人々は、釈迦族のことを、犬や野干のように自分の妹たちと夫婦になるものの末裔《まつえい》といって罵《ののし》ったということが、後代の文献に伝えられています。大昔の釈迦族には、特殊な近親結婚のような習慣があったのでしょう。それをバラモンの方では非難している。漢訳の文章を検討すると、叔母と甥、叔父と姪との結婚、つまり三等親の間の結婚が出てきているのです。これを他の部族が非難している。

（上）ストゥーパを拝する玄奘（玄奘三蔵絵　藤田美術館蔵）
（下）サーンチーのストゥーパ

実際問題として、インドへ行って習俗を見てわかるのですが、日本では三等親までの間の結婚が禁じられています。ところがインドでは、四等親のいとこ同士の結婚まではいけないということになっている。ということは逆に、いとこまでならば同じ家に住んでいてもかまわないとされている。そういう習俗が厳としてあるのですね。これもインドの世情を私が実際に確かめてみて、はじめて思い当たるのです。今度それが日本へもはね返ってきます。

こんな話があります。日本からの留学生がインドに行きますね。そして、ある男子の学生と女子の学生が、一軒の家が安く借りられるというので、借りていっしょに住んでいた。その時、私はあるプロフェッサーに会って、「あの二人はいとこか」と聞かれました。私は「ノー」と言ってしまいました。あとで、これは悪かったなと思いました。「アイ・ドント・ノー（知りません）」と答えればよかったのですが、知っていたのでつい「ノー」と言ってしまった。その先生がそんなことを質問した意味は、いとこであればいっしょに住んでいてもかまわない。そこにはおのずから道徳的な制約がはたらくと考えたからです。だから、たった一言の問いと答えでも、内に含められた意味は非常に大きいのですね。

お釈迦さまの家系の話に戻りますが、釈尊の家系は、古い詩ではしばしば太陽の末裔《まつえい》と謳われています。これを漢訳仏典では「日種族《にっしゅ》」といっています。つまり太陽の子孫です。太陽の子孫であることを誇っていたのです。これはまた日本人にとってもたいへん参考になる記述だと思います。わが国では昔から天照大神《あまてらすおおみかみ》が皇室の祖先だと教えられていました。昔の日本人がはたしてその通り信じたかどうかは知りませんが、何十年も前にはそのように教えられていたのです。これは何も日本だけのことではない。インドでも太陽の子孫であることを誇っている場合があります。南米のインカ族も、やはり太陽の子孫といっています。

インドの王族は太陽の子孫か月の子孫か、どちらかだと決められているのです。日本の武士は源氏の子孫か平家の子孫、源平のどちらかだといいますね。そういう具合に、向こうは太陽の子孫か月の子孫かに分かれるのです。こういう信仰は後代にまで残っています。西暦十一、二世紀の頃になりますが、デリーの西に砂漠がある。その向こうに、武をもってなるラージャスターンの王族がいました。そのラージャスターンの土族が太陽の子孫か月の子孫か、どちらかということで問題が起こってきます。こういったことを考察する場合には、他の文明圏の同じような問題と比べて理解することが必要だと思います。

そこで思い出すのですが、日本の神道は、昔から欽定憲法のようなものであって、日本独自のものであると思われがちですが、そうではありません。この分野について、グローバルな視野で世界中の類似した現象を数えあげてまとめた学者としては、私の知るところでは加藤玄智先生がいちばん詳しいと思います。この先生はたくさん本を出されましたが、そのうちもっとも大著といわれるのは、『神道の宗教発達史的研究』という厚い本です。それは、神道の歴史をたどりながら、似たような現象が外国にもあるという事例をかたっぱしから集めているのです。お釈迦さまの種族との比較をしていたかどうかは忘れましたが、インカとの比較はしています。こういう本を、戦時中、あるいは戦前に書いたのは勇気のあることだと思います。

父と母

釈尊の家系のことはこれまでずっと議論されているのですが、まずお父さんは浄飯王《じょうぼんのう》、パーリ語でスッドーダナといいます。「スッダ」というのは清らかな、純粋な、混じりけがないという意味です。「オーダナ」は米飯のことです。この王さまが釈尊のお父さんなのですが、その前の王さまたちのことも仏典の伝説の中に出てきます。それをいちいち名前を挙げるのは省きますが、みんな「飯」という字が名前の最後についています。

日本でしたら、たとえば徳川家康に「家」の字がある。すると、そのあとの将軍たちも、名前のなかに「家」の字を使っている人が多いですね。それと同じように、釈迦族の浄飯王より前の王さまの名前はたいてい「オーダナ」で終わっているのです。炊いたご飯という意味です。浄飯王の場合は、その前に「スッダ」とあるから白米のことです。つまり、白米を尊重するのは日本人だけではないということになります。ネパールの人もやはり白米のご飯を炊いていたということが、この名前からわかります。

あのあたりでは稲作が行なわれていました。インドはだいたい土地が荒れているのですが、お釈迦さまの最後の地クシーナガルのあたりから、誕生の地のルンビニーにいたる一帯は、わりあい湿気が多いのです。沼が多い。こういう土地は稲作に好適なのですね。そこで、このあたりの部族、釈迦族が稲作に従事していて、白米のご飯を珍重していたということが理解されます。

ここにひとつ、謎を解く手がかりがあると思うのです。

あんなに遠く日本から離れたところで仏教が起こって、砂漠をこえてお坊さんが命がけで教えを伝え、中国大陸をよぎり、日本海をわたる。これはもう、昔は命がけでした。そして、はるばる極東の島国にまでたどりついて、そこでずっと根を下ろしている。ということは、社会生活において、何か似通ったものがあったと考えられます。社会生活が似ていたから、そこに成立する習俗、あるいはメンタリティにどこか共通のものがある。そこに仏教が受容される素地のようなものがあったのです。

反対に、アショーカ王のときには仏教は東南アジアには広まらなかった。アショーカ王のことは、皆さまどなたもご存じだと思いますが、紀元前三世紀にはじめて全インドを統一したマウリヤ王朝の帝王で、熱心な仏教徒としても知られ、仏教を国の内外に広めることに尽力した人です。ところがこの王さまのときになぜか仏教は東南方には広まらなかった。もっぱら西方、ヘレニズムの世界に使者をおくって、自分の奉ずる仏教の教えを伝えようとした。ところが西方では仏教は途絶えてしまうのですね。反対に東に伝わった仏教は残った。だから仏教東漸《とうぜん》というのです。「東漸」というのは仏教がシナに来てから作られた言葉です。インドの仏典にはありません。やはり東方には共通したところがあるのでしょう。ことにネパールの仏教と日本の仏教とは非常に似ているのです。とくに現世肯定的なところがよく似ています。

さて、お釈迦さまのお母さんはマーヤー夫人、仏典の読み方をすれば摩耶夫人《まやぶにん》です。「マーヤー」というのは、ヴェーダ聖典では、神の有する不思議な力という意味をもった言葉です。後代のインド哲学になると、幻のようなもの、仮に存在するものという意味で、インド哲学の特殊な術語になります。お釈迦さまの時代はまだヴェーダに接続している時代ですから、神の不思議な力というほうが当たっていると思います。婦人の名前として出す場合には、仮の存在、おばけのような消え失せる存在と思うよりは、不思議な力をたたえた存在と見たほうが具合がいいのではないでしょうか。

この二人の子として生まれたお釈迦さまの個人名はシッダールタといいます。「アルタ」というのは目的という意味です。「シッダ」は成就したという意味。だから、「シッダールタ」は大願成就、目的を果たしたという意味になります。後代にいたるまで、シッダールタという名の人はいました。ことにヘルマン・ヘッセの小説に『シッダールタ』というのがあります。これは釈尊とは直接関係ありません。しかしこの名前は、インドにおいてはたいへんいい名前であったといえるでしょう。

ところでお釈迦さまは釈迦族の王子だった。「釈迦牟尼《むに》」というでしょう。「牟尼」というのは、サンスクリットやパーリ語の「ムニ」の音を写しただけです。賢者、聖者という意味です。お釈迦さまは、釈迦族の生んだ聖者であるというので、釈迦牟尼というのです。釈尊といいますね。「牟尼」の意味をとって訳すと「釈尊」となる。「釈迦族の尊ばれる人」という意味です。

釈尊はアーリアンか非アーリアンか

釈迦族はサンスクリットでシャーキャ、パーリ語ではサーキャ、この音を写して「釈迦」といいます。これはどこまでも種族の名前です。

釈尊の後の西暦紀元前一世紀の頃に、中央アジア、シナトルキスタンのあたりからアフガニスタンを経て、サカ族がインドに侵入します。これは東洋史のほうでは「塞種《そくしゅ》」といいます。これと釈迦族と関係があるのかどうか。名前が似ているから、後代になると両者の歴史的連絡をつけようとするのです。いちおう別の種族であったと見ておいた方がいいだろうと、私は思います。むろん、もとは同じだと言う学者もいるのです。

ことに、もっともショッキングな説を出したのはイギリスのヴィンセント・スミスという学者です。お釈迦さまは何人《なにじん》であったか、モンゴリアンであったと主張して、非常な衝撃を与えたのです。ではモンゴリアンとサカ族とはどういう関係にあったかというと、これもまた別なのですが、サカ族というのはどういう民族かよくわからない。イラン人に近かったという説もあります。お釈迦さまがモンゴリアンであったということも、はっきりした証拠もないけれど、否定もしにくいのです。

お釈迦さまの誕生地は、ルンビニーですが、これはネパールの中です。インドではありません。ネパール人というのはどういう人種かというと、ネパールの書物を読むと、ネパール人は二通りだ、アーリアンとノン・アーリアンだと言っています。アーリアンというのは西洋人と祖先が同じです。ガンジー首相などはアーリアンです。顔つきを見ても、鼻が高くて色が白くて西洋人に似ているでしょう。ネパール人の中にもアーリアンがいます。ところが土着の人はモンゴリアンに似ています。チベット人、ビルマ人などと非常に似ている。

だいたいネパールの支配階級はアーリアンです。インドを追われて、後にはイスラムがやって来て逃げた人が、ネパールにやって来て支配者になった。だからおおざっぱにいうと二通りあるのです。そのうち、土着の人は、モンゴリアンと同一とはいえなくても、親戚続きらしい。その証拠には、私がインドへ行くとインド人だとは決して思われない。けれどもネパール人だと思われることがよくあるのです。

戦後すぐの頃ですが、おまえはどこから来たかと尋ねられて、はじめのうちは本当のことを言っていましたが、そのうちいたずら心を起こして、当ててごらんというのです。すると私の顔をじっと見て、おまえさんはネパール人かという。ノーです。ではおまえさんはチベット人か。ノー。ではビルマ人か。ノー。タイ人か、インドネシア人か。ノー。フィリピン人か、チャイニーズか。またノーというと、わからんという。ジャパニーズだというと、ああそうか、それは失礼したというのです。つまり、ジャパンという国があることは聞いているけれども、日本人というのを見たことがない。戦時中はネパールなど行けないし、戦後すぐの頃も海外渡航なんてできなかったですからね。

ネパールの国立大学は一つしかありませんが、私がそこへ行ったとき、頼まれて卒業式で講演をしましたが、そのときに、吾輩はインドにおいてしばしばネパール人と間違えられたといったら、もう学生たちはやんやの喝采です。反対に、ネパールのえらい人がアメリカに行くことがよくあります。帰りにちょっと日本というところに寄ってみたい、何でも日本というのはたいへん栄えている国だそうだから、どんなところかちょっとのぞいてみたいと思って、日本の空気を味わうために来る。すると弱ったといってましたね。スチュワーデスが日本人だと思って日本語で話しかけてくる。それくらいネパール人と日本人はよく似ているのです。

そういう人種が昔から住んでいたとなると、お釈迦さまも、ノン・アーリアンの可能性はあったわけです。本当のところはわからない。仏像などというのはお釈迦さまが亡くなって何百年もたってから想像や空想で作ったものだから、本当はどんな顔だったかというのは全然わからない。何ともいえませんが、ただ文化面でみると、アーリアンの文化の影響を相当に受けています。原住民独特のものもある。たとえば、さっきいった結婚に関するいろいろな習俗などは、部族特有のものです。しかし、いろいろな伝説は、仏典によって見る限り、相当アーリアンの影響を受けています。だから両方が混じっていたと言えるのではないでしょうか。

誕生の地ルンビニー

釈尊の誕生地はネパールの国内で、ルンビニーというところです。お釈迦さまの涅槃《ねはん》の地クシーナガルから車を駆ってネパールの方に行きます。すると国境を通過します。国境といっても、ネパールとインドとの間には何の隔てもない。ただ道路があって、そこに鉄道の遮断機のようなものがあるのです。その遮断機も、日本の鉄道のようなしっかりしたものではなくて、木の枝の曲がりくねったのをちょんと渡してあるだけです。私たちはいちおうパスポートを提示しましたが、インド全体としては、国境などありはしないのです。

住民はパスポートなんて持っていないのですね。だから日本的な観念を持ち込むわけにはいかない。日本は島国で限られているから、どうしても外国へ行くとなるとパスポートがいります。ところが、かれらはバスに乗ってあっちへ行ったりこっちへ来たり、買い出しをして頭の上に砂糖などをいっぱいのせて、それで暮らしをしている。国境の観念が全然違うのです。

話がそれましたが、そういうようなことで、ネパールとの国境を通ってルンビニーの方へ行きます。たいらな道がずっと続いているだけです。しいて言えば、遮断機のあるところまではインド領だから道がいい。よく整備されている。その先はネパール領だからといったら叱られますが、道が悪くてほこりが立ちます。そこをしばらくしんぼうして行くと、ルンビニーに着く。

ルンビニーといっても、昔は仏典に出てくるような花園で、木の生い茂ったいいところだったろうと思いますが、今は何もない、広漠たる原野です。それではせっかくの由緒ある土地が惜しいというので、いま国境のルンビニー計画というのがあります。日本の丹下健三さんなどがずいぶん指導しておられるようです。いずれは、あたり一面を緑の野原にして、仏教の遺跡なども全部整えるとか、そういうことを聞いています。

ルンビニーは場所がはっきり特定できるのです。なぜわかるかというと、そこでアショーカ王の建てた石柱が見つかったからです。そのあたりもアショーカ王の版図の中に入っていたのです。その昔、アショーカ王がそこに来て、「ここはお釈迦さまの誕生の地である」といって拝んで、その土地の村の税金を減ずるということまで、石の柱に刻んでいる。それが倒れて土の中に埋没してしまった。

近年になってドイツのフューラーという学者がそのあたりを歩き回って掘ってみたら、それが見つかったのですね。それを今ルンビニーに立てて鉄の柵で囲ってありますが、その文字がはっきり読めます。だからルンビニーの場所については、これは間違いないのです。

カピラヴァストゥは、ネパールかインドか

では、釈迦族というのはどこに住んでいたか、これが大問題になっています。従来はネパール領内のティラウラコートだといわれていました。まわりには木が繁っていて、昔の都市というか集落の跡らしいものが残っている。

ところが近年になって、インド政府が一九七〇年から北インドを発掘して、一九七三年に発表したのですが、釈迦族の故郷の地は、現在のインド領内のピプラーワーというところだと言い出したのです。

ピプラーワーはお釈迦さまの遺骨が見つかったところです。ここに塚があって、イギリス人のペッペという人の所有地だったのですが、そこを掘ってみたら舎利壺《しゃり》が見つかった。中に入っているのは釈尊のお骨ならびにその一族のお骨であるということが、舎利壺のふたに非常に古いブラーフミー文字という字体で書かれていたのです。それをどう読むかについては、学者の中でも意見が分かれているのですが、とにかく釈尊にゆかりのある人のお骨であることには間違いない。

その舎利壺は現在カルカッタのインド博物館に保存されていて、ふだんは見せない。大事にしまってあって、館長さんだけが鍵を持っていて、特別なときだけ見せてくれる。中のお骨は、タイの王室は仏教徒であると決まっているので、タイの王室に渡しました。タイの王室は、その一部を日本の仏教徒に分けてくれました。それが今、名古屋の日泰寺《にったいじ》に納められています。上をコンクリートで固めて、前から拝むようになっています。日泰寺は諸宗が輪番で管理することになっていて、何宗の寺と決まっていません。日本の主な宗派の偉い方がかわるがわる住職になって、大切に奉仕しています。

ピプラーワーで近年さらに発掘を続けたら、いろいろと出てきました。そこにカピラヴァストゥという言葉が出てくる。釈迦族が住んでいたのがカピラヴァストゥというところです。「ヴァストゥ」は居住地、城という意味です。そこでインド政府は調査をまとめて発表した。

するとネパールの考古学者たちが反論して、釈尊のカピラヴァストゥ、つまり釈迦族の本拠はネパールの領内のティラウラコートだと言うのです。私のところへも、ティラウラコートの奉仕委員会とかいう名前で書物を送ってきました。

一方、インド側は、いや、ピプラーワーだと言うのです。この問も仏教に関する国際会議をインド政府が開いて、十日ほど前に私はインドから帰ってきたところです。そこでスリランカの人にも会いましたが、その人もピプラーワーの説をとっていました。

これは単に遺跡についての見解の相違ではないのです。国際問題になる。つまりティラウラコートだとなると、お釈迦さまはネパール人だということになる。ピプラーワーだとなると、お釈迦さまはもともとインド人なのだ、たまたまお母さんがお産のために実家に帰ろうとしてルンビニーを通ったときに、そこの大きな樹のもとでお釈迦さまが誕生になった。ちょうど海外旅行をしていたようなものだというわけです。両方譲らない。

まじめなインドの学者に聞いてみたら、おれは知らんよというのです。はっきりした証拠は何もないのです。つまりカピラヴァストゥ云々ということが書いてあっても、印章みたいなものだから、よそから持ってきたということもありうる。霊場に寄進するのだから、あちこちから集まってきます。何ともいえないのですね。

ティラウラコートの方は、日本の立正大学が多年にわたって発掘探検隊を送って、非常な苦労をされています。そして発掘したものを撮影した厚い写真集が出ています。ただ、研究報告がいつまでたっても出ない。つまり実物の写真を載せてあるけれども、それを研究解明するのは容易ではない。当然カピラヴァストゥはどこかという問題にふれてくるから、容易なことではないのです。

立正大学の発掘隊が出発されるときに、私も壮行会で激励したのですが、発掘した結果、何か出てくるかもしれない。出てきたら大成功、しかし出てこなくても有意義だ。つまり、何かありそうだけれども掘ってみたら出なかったということも、ネガティヴな意味で一つの学問的に重要な報告になる。だから、どっちにころんでもいいのだから大いにやってきてくださいといいました。

ティラウラコートからいろいろなものが見つかっているのですが、釈尊の時代のものと断定できるものがどうも見つかっていない。ただ、釈尊の時代のものと断定できるものは、他でも見つかっていないのです。だから、発掘がまちがっているとか、見当はずれだということではないのです。

インドの造形美術はアショーカ王以後だから、釈尊の時代はまだ造形美術が発達していません。古い時代にはインダス文明がありましたが、その後、ヴェーダの時代になると消滅します。ヴェーダ文明は造形美術を持っていない。具体的なものは何も残っていないのです。ただ、ヴェーダ聖典を暗唱している。これは確かですが、それだけです。

だから、今のところ断定的なことはいいにくいのですが、考えてみれば、釈尊という人は、人類万人のために教えを説いた方です。だからどこの国の人でなければならないということは、いわなくてもいいのではないでしょうか。万人すべての師であるとなれば、大いに心豊かになるのではないでしょうか。今の調査研究の現状は、こんなところです。

三　釈尊の誕生

ゴータマ＝もっともすぐれた牛

お釈迦さまに関するいろいろな呼称についてお話ししましたが、もうひとつ言いたいのは釈尊の姓についてです。カーストに関してはクシャトリヤ、王族でした。小さな国でしたから、コーサラという大国に従属しています。コーサラの首都には祇園精舎などがあとで作られます。

姓はゴータマ、サンスクリットではガウタマになると、先ほど言いました。「ガウ」とか「ゴー」というのは、牛という意味です。「タマ」は「もっともすぐれた」という意味です。文法の言葉でいえば最上級をあらわす言葉です。もしもそういう解釈が許されるなら、「ゴータマ」というのは「もっともすぐれた牛」という意味になるとも考えられます。

インドの典籍によると、これはもとはバラモンの姓でした。ガウタマという仙人がいたのです。ところが釈尊の場合にはこれがクシャトリヤの姓になっている。ここのところがバラモンの聖典に書かれていることと合わないのです。だから、釈迦族は、アーリアンの考え方は受け継いでいたけれども、それから若干逸脱していたと考えられます。

わが国でもそれぞれの方が姓をもっています。みないい名前を称している。インドでは、「ザ・ベスト・カウ」というのはいい名前だったと考えられます。これはやはり、牛を尊重するインド人の観念を前提において考えないと理解できません。

インド人が牛を大事にするということはお聞き及びでしょう。インドでは、詩人の立派な詩を讃えるときに、「これは何とすばらしい詩だろう。まるで牛の鳴き声のようだ」というのです。それが最上のほめ言葉です。

今日でもカルカッタなどの雑然としているところを牛が自分で歩いていきますね。そして電車がやってくるところへちょこんと坐ってしまうと、電車がそこで止まるのです。そして警笛を鳴らす。インドではわりあいに自動車道路がよくできています。土地は無限にあるから、大きな道があって、それがよく舗装してあります。そこを牛がひとりで悠々と歩いていくのです。後から来る自動車は危ないから、ブーブーとクラクションを鳴らす。すると牛がぴょんと跳びあがって、横の方にすうっとすべっていったりします。

ベナレスの街などでも牛がひとり歩きしています。つないだりしないのですね。以前、私がデリーの雑踏の中を歩いておりますと、誰だか私をつっつく人がいるのです。それで振り向いてみたら、牛のおしりでした。今日では、少なくともデリーでは、もうそういうことはありません。自動車がものすごく走っていますから。デリーの繁華街ではそういうことはありませんが、繁華街のはずれの方では牛がまだひとり歩きしています。

牛をとても大事にする気持ちは、外国人には理解できない。インドに行ったら、ビフテキは食べられません。好きな人がいまして、ホテルでビフテキを注文したのです。するとやせた肉を持ってこられて、食べられたものではなかったといいます。牛肉を食べるなどということは、インド人の間では、まるで悪魔の所行のように思われるのです。

日本に長く住んで活動している人が、ベンガルの故郷に帰ったところ、お母さんに「おまえさんは日本に長くいたが、どんなものを食べたんだい」と聞かれました。「それは、これこれだ」と答えたところ、「えっ、牛肉を食べた。そんなことを絶対に人に言ってはいかんぞ」。すきやきを食べたのが、まるで悪魔の所行のように思われるのです。

とにかくヒンドゥー教徒は牛を非常に大事にします。仏教徒の社会では特にそういうことはありません。むしろ仏教徒は、ご承知のように、生きとし生けるものをことごとく憐れむという慈悲の精神を説きます。だから、特に牛だけを大切にするということはないのです。こういう点が違います。ジャイナ教徒も仏教徒と同じです。

ヒンドゥー教徒がなぜ牛を大事にするのか、聞いてみたことがあります。インド人は肉食はしなくても、乳製品はいっぱいとるのです。インドの精進料理は、乳製品をふんだんに使います。日本の精進料理とは全然違います。日本の精進料理はとてもあっさりしているでしょう。ところがインドの菜食、ヴェジタリアン・ディッシズというのはバターの類いをたっぷり使います。植物性の油も使います。

牛乳を飲むのもいいのです。子どもにはコーヒーを飲ませてはいけない。お酒は、もう絶対にいけない。大人でも望ましくはないのです。コーヒーも子どもはいけない。シク教徒は大人でもコーヒーを飲みません。これは道徳的な理由からで、飲むと感覚を刺激するからです。それからお茶がだめですね。インドのサンスクリットの教科書を見ると、子どもはお茶を飲んではならないと書いてあります。そのかわりにミルクを飲めというのです。ミルクには栄養があり、子どもに刺激を与えることがないからというのでしょうね。それくらい牛乳を奨励するのです。そのミルクを与えてくれるのは牝牛です。

田畑を耕す労働力を提供してくれるのは牡牛です。インドの畑では、牡牛が二頭並んで、そこにくびきを渡して、犂をつけて曳きます。牛が二頭なかよく並んで進んでいきます。横から見ると、まるで一頭のように見えます。牛が耕してくれるから作物が得られるわけです。稲が実るということも可能になるわけです。だから牛は大恩人です。それから、牝牛は耕作には使いません。牝牛を耕作に使うと牛乳が出なくなるそうです。

とにかく牛は人間にとってきわめて大事であり、人間の恩人であるというのがヒンドゥー教徒の考え方なのです。同じインドでも、シク教徒になると、機械技術に頼ることが多く、技術者がわりあいに多い。だから、牛をそれほど大事にしません。牛を使わなくても、機械で耕せばいいわけですから。そこに違いが出てきます。

このように、牛を大切にするのがヒンドゥーの考え方です。この考え方がネパールの釈迦族にも及んでいたのですね。それを自覚していたかどうかはわかりませんよ。けれども、ゴータマという名称がネパールまで伝わっていたことがわかります。もちろん、仏教がその考え方を是認していたかどうかは別の問題です。

釈尊の誕生年は?

そしてお釈迦さまが誕生になった。その釈尊の生誕の年は、正直なところ確定的にはいえないのです。南アジアに伝わった計算の仕方に基づいて、多くの学者が説を立てているのですが、それによると、一九五六年が釈尊が亡くなってから二千五百年目にあたります。

南アジアの国々ではこの数え方が一般に採用されています。ただ、北アジアの方では必ずしもそうではありません。

私が学生だった頃、昭和十一年ころでしたか、仏誕二千五百年記念式典というのがありました。高楠順次郎《たかくすじゅんじろう》博士が、お釈迦さまの年代はみんなで決めておかないと困るからというので、高楠博士の説にもとづいて祝典が開かれたことがあるのです。そのときに井上哲次郎博士なども大いに後援されたことを私は覚えておりますが、この場合には「衆聖点記《しゅせいてんき》」の説にもとづいて決めたのです。これはどういう意味かというと、南の海を通って戒律を伝えたお坊さんがいましたが、この戒律の書物の上には、毎年夏に安居《あんご》の生活を行なうごとに一点ずつ点を書き加えてありました。それをシナにもってきて点の数を数えたのです。その時のシナの年はわかっていましたから、それから逆算して決めたのです。

ただ、それまで本当に毎年ひとつずつ点を打っていたかどうか、お釈迦さまが亡くなってすぐにそんな戒律の書物ができていたのかどうか、疑問があるのですね。その点は高楠博士も認めておられて、「宇井伯寿《ういはくじゅ》博士が別の説をとなえておられるけれども、もしも将来それが正しいということになったら、二千五百年をもう一回祝ってください」、そう言われたのを覚えています。

では、その宇井博士の説はどうかというと、これは結局つぎの違いに由来するのです。お釈迦さまが亡くなってからアショーカ王が出る。それまでの間を百年とみるか二百年とみるか、これは北と南で伝説が違うのです。アショーカ王の時代がある程度わかる、『異《い》部宗輪論《ぶしゅうりんろん》』という仏教部派の分派の歴史を記した書物があって、シナに伝わっているのですが、それを見ると、釈尊が亡くなってから百二十八年たってアショーカ王が出たという記載があります。宇井博士はそれにもとづいて計算して、釈尊の誕生は紀元前四六六年で、亡くなったのは三八六年である、という説を出されたのです。絶対の基準は何もないわけです。

アショーカ王の詔勅文というのが岩に刻みつけられて残っています。その中に、五人のギリシア人の王さまの名前が出てくる。アショーカ王がこの五人の西方の王さまのところへ使節を送って、仏教の説くような法の理想を伝えたということが書いてあるのです。この五人の王さまの年代はほぼわかります。それを重ね合わせてみると、共通のところが確かだということになる。だから、釈尊の年代もギリシア学に依存しているのです。

宇井先生がこの説を出されたのは、もう六十年くらい前のことだと思います。もっと前かもしれません。先生が六十年前に準拠された西洋の学者のギリシア研究のその後の成果を考慮し、少し手を加えて、私はいちおう紀元前四六三年から三八三年という説を提出しているのです。これが絶対に正しい説だとは決していえませんが、ただ、宇井先生が出された説を採用するとしても、そこに問題点がある場合は手を加えることが当然必要だろうと思いますから、それだけのことをしたわけです。

ただ一番のネックは、釈尊が亡くなってからアショーカ王が出るまでを、百年余とするか二百年余とするかで、大変な違いが出てくることです。宇井先生の研究は非常に合理的なのですが、南アジアの所伝は長い伝統を持っているから、これも無視できない面があります。

ほんとうに確定するには、カーボン・デイティングという方法が厳密に使えればいいのです。ところが、アショーカ王時代のもので残っているのは石の柱だけでしょう。炭素を含んでいるものがないのです。ですから、お釈迦さま在世当時のものと確定できるものが何も見つかっていないのです。だから今のところは最新科学の研究方法をもってしても、まだ確定的なことはいえない。将来に委ねるというわけです。

インド人の歴史意識

それでは、確定しなければ困るではないかと皆さま思われるかもしれませんが、古代インド、西暦紀元前四世紀よりも以前の年代としては、釈尊の年代がそれでもいちばん確定しているものなのです。違うとしても百年の差でしょう。だいたい見当がついている。それ以外のヴェーダに出てくる人名、ウパニシャッドに出てくる人名、そういうのは手がかりがまったくないのです。

ヴェーダの年代論がよく専門の書物に出ていますが、その基礎は非常に弱いものです。つまり、お釈迦さまの生存年代がだいたいここだとする。それから上限は、インダス文明の年代がわかっているのです。これはそれこそカーボン・デイティングです。その間にヴェーダの文明がある。ヴェーダの聖典というのは同一人物の手で作られたものではなく、逐次作られたものです。相対的な前後関係だけはわかっているから、一千年くらいの期間の中に適当にわりふってしまっているのです。だから学者たちが年代をいっていても、その根拠はかなり薄弱なのです。他に手がかりが何もないのですから。

しかし年代云々に拘泥するのは、考えてみれば近代的な、現代人の考え方ではないでしょうか。あるいは、お隣りの中国人も、年代を非常にきちんと決める民族です。膨大な歴史書を残しているでしょう。インドには、そういうものが何もないのです。インド人というのは悠久をめざす民族なのです。だから、永遠を見つめていると、この世の百年や二百年は問題にならない。悠久を見つめて洞窟の中でブラフマンをじっと瞑想しているのでしょう。今から三千年前にも聖者たちはそういうことをしていた。今でもリシケーシなどに行くと、やはりそうやっている聖者たちがいるのですね。彼らには歴史意識というものがないわけです。

歴史意識をことさらに強調するのは近代的思惟の特徴です。とくにルネサンス以降、グローバルに広がったものだと思います。それ以前に歴史を重視していた民族というと、ギリシア人とか、シナ人とか、それから日本人もシナ人に近いですね。わりあいに年代の記載がしっかりしている。

インド人にとっては、はかない浮き世の変遷の前後関係などどうでもいいのです。彼らは永遠なるものを見つめるから。するといちばん大事なのは宗教です。宗教上の祭りで、式場のこういうところをこう回るとか、火の中に何かを捧げるとか、細かな規定がいっぱいあります。それをちょっと間違えても、それは重大な過失なのです。今度は罪の償いをしなくてはいけない。その罪を償う儀式の規定というのが、またいっぱいあるのです。とうてい研究するに堪えない。要するに関心のおきどころが全然違うのです。

このように、インドの西暦紀元前の年代決定については、ほとんどはっきりしないけれども、その中では釈尊の生存年代が一番の手がかりになるのです。そして釈尊とともにインドの歴史は始まるということになります。

釈尊に関しては、いろいろな伝説が数多く伝えられています。中には後代になって作られたものもいっぱいあると思いますが、しかし全部がでたらめだというわけではないと思います。やはり、お釈迦さまがこういう時にこういうことを教えられたという事実があって、それを大事だと思った人々が後世までずっと語り伝えた。教えの前後関係とか年代は、どうでもいいのです。そうではなくて、教えられたという事実、あるいは教えられた内容、それが大事だというので、みんながずっと伝えたわけです。だから釈尊に関することは、わりあいはっきりわかっているのです。

誕生伝説

お釈迦さまの誕生に関しては、いろいろな伝説があります。お釈迦さまはお母さまである摩耶夫人《まやぶにん》の右脇から生まれたといいます。インドでは右を尊び、左は汚れたものだとす

釈尊の誕生　下に立つのは幼子の釈尊（パトナ博物館蔵）

る観念が今日でもあります。だから右脇から誕生したというのですね。それから脇ということが、インドでは特異な意味をもっています。インドでは子どもを腰のあたりにかかえるのです。日本では子どもをよくお母さんが背中に背負うでしょう。インドではそうではなくて、腰のあたりにかかえるのです。

釈尊の誕生の彫刻がたくさん残っています。みんな摩耶夫人の右脇のところからちょっと体を現わしている。それを下の方で侍女が受けとっています。

それから、生まれるやいなや、七歩あるいて「天上天下《てんじょうてんげ》唯我《ゆいが》独尊《どくそん》」といったという。この伝説は古い時代からあったものではありません。お釈迦さまが誕生したときに、聖人賢者たちが集まったとか、いろいろな奇瑞があったということは、非常に古い仏伝にも出てくるのですが、「天上天下唯我独尊」、これは後代の仏伝で釈尊を神格化したころに出てきたものです。

七歩というのは、七というのが神聖な数ということになっているところからきています。七人の仙人ということをよくいいます。それが仏教に入って過去七仏となる。第七番目の仏さまが釈尊だということになります。その行き着くところとして、数を普通名詞で表わすことが、インドではよく行なわれています。「七」といわないで「仙人」という。これで数字の七を意味するのです。後代のインドの典籍にはよく出てきます。

さらに伝説では、誕生の前に霊夢《れいむ》托胎《たくたい》ということがあったといいます。バールフットの彫刻に出てきます。バールフットは中インドの霊場で、ストゥーパがあってそのまわりに石垣があった。その石垣が壊れていたのを、カニンガムという、イギリスの将軍で考古学者ですが、その人がカルカッタの博物館に持ってきて、今は博物館の内部につないで並べてあります。その石垣の交差するところに、丸いメダリオンがある。そこに釈尊の誕生の前後のようすが描かれています。

この絵（四五ページ参照）は、お母さんの摩耶夫人が眠っている、そこへお釈迦さまが白象となってお母さんの体の中に入っていくところです。「六牙の白象」といって、六本の牙つまり歯があったといいます。

それから侍女がいます。摩耶夫人をあおいでいる。暑いですからね。箒のようなものを持っている。これは払子《ほっす》です。ヴィヤジャナといいます。お坊さんがよく儀式のときに使うでしょう。あれはもとはインドの虫よけ、虫を追い払う道具なのです。柔らかい、綿毛のようなもので作ってあります。それだと虫を殺さないで追い払えます。それが仏教にも入っているのです。

ジャイナ教でも使っています。私はジャイナの尼さんに見せていただいたことがあります。インドのあるお金持ちの家にジャイナの尼さんが三人泊まっておられた。会いに来ないかといわれて、それではまいりましょうと行ったところ、尼さんがおられて、私が合掌をしますと、尼さんは手をちょっと上げて、受け答えをされました。そして通訳を介していろいろお話をされたのですが、その時に、これは私たちが作った払子ですといって、虫追いの箒みたいなものを見せてくださいました。これなら柔らかだから虫を殺さないというのですね。

それで「触ってごらん」といわれて、ありがとうございますと渡されるわけです。ところが、私が尼さんからじかに受けとってはいけない。尼さんは女性、私は男性で世俗の人間です。尼さんからじかに受けとったら邪婬戒を犯すことになる。だから尼さんが一度払子を地面に置かれる。それを今度は私がありがたくいただいて触るのです。ふっくらしてよかったですね。これなら虫一匹殺しません。

今度はそれを尼さんにお返しするのですが、これもじかに返してはいけない。戒律に反する。ありがとうございましたと一度床に置いて、それからそれを尼さんが受けとられる。こういうところにも生きていますが、もとは彫刻にも見られるように、世俗の世界でも虫

霊夢托胎（インド博物館蔵）

追いに使っていたのですね。

それから向かって右側に灯火がありますね。燭台があって、灯心が垂れていて、上に炎が出ている。これがインドの燭台です。ろうそくといっても、日本のようにろうを固めて立てて、上に炎が出るのではないのです。皿みたいになっていて、灯心が垂れている。そこに火をつける。炎は上に出るのです。

何でもないことですが、お釈迦さまの誕生前後を描いた彫刻を、今のインドの生活と照らし合わせてみると、ああ昔もこんな具合だったのだなということがよくわかって、二千五百年前の釈尊の時代の人々の生活体験が、われわれにとって非常に親しいものに感じられるのです。

第二章　若き日

一　幼き日々

養母マハーパジャーパティー

お釈迦さまの幼時のことは、古い仏典にはほとんど出てきません。後代の仏典になると、お釈迦さまのことをはなやかに伝える必要があるので、わりあい詳しく述べられていますが、初期の経典にはあまり出てこないのです。お釈迦さまの誕生ののち七日でお母さまのマーヤー夫人がなくなりました。「マーヤー」は、前回もお話ししましたが、不思議な力を意味する言葉です。いま思いだしましたが、神戸の方に摩耶山というところがありますね。それはここからきているのです。

お母さんがなくなったので、母の妹であるマハーパジャーパティーに養育されることになりました。つまり叔母さまに育てられるようになったと、後代の仏伝に記されております。「マハー」は「大きな、偉大な」という意味です。「パジャー」というのは「子孫」、「パティ」は「主《あるじ》」という意味です。「パジャーパティー」は「子孫の主の夫人」という意味だから、母親のことを意味する言葉に、しばしばなっています。

お母さんがなくなったために、お父さんの浄飯王《じょうぼんのう》は、マハーパジャーパティーを後妻に迎えたのですね。妻の没後に妻の妹を後妻に迎えるということは、昔はどこの民族にもよくある習慣でした。このことは、別に釈尊を神格化することにもならないから、おそらく実際にあった歴史的事実ではないかと思います。

このマハーパジャーパティーには、ナンダという男子が生まれた。釈尊の異母弟です。後に、マハーパジャーパティーは出家して、仏教教団における最初の尼僧となりました。マハーパジャーパティーは釈尊の入滅にあうにしのびず、釈尊よりも前になくなったといわれています。

最初期の仏教教団には尼僧はいなかったのです。ある時期以降あらわれてくる。『スッタニパータ』には尼僧のことが出ていないのです。けれど、いたことは事実なのですね。

その最初の尼さんとなった人が、このマハーパジャーパティーであると伝えられています。

釈尊が受けた学問

ゴータマ・ブッダは、当時の王族として必要なあらゆる学問を習い、教養を身につけました。非凡の才を発揮したということが、やはり後代の仏伝に出ています。それはおそらく事実だったのでしょう。ただ個々の伝説は、後代の仏典では非常に誇張して述べられています。

それから後代になると、仏伝を彫刻、浮彫で表わすようになりますね。そのうちの一つには、少年のころの釈尊が学校に習いに行って教えを受けた、その情景が出ています。学友とともに石板を膝の上にのせて、授業を受けています（五一ページ参照）。

これを見ますと、釈尊が子どものころに受けた学問は、実学だったことがわかります。というのは、文字に書いているからです。

同じ学問でも、バラモンのする学問は、ヴェーダ聖典を暗記するのです。師匠が部屋の隅にクッションを敷いて、そこへ坐ります。教えられる弟子は、クッションの外であぐらをかいて坐っています。あぐらをかくのは、インド人にとっては失礼ではないのです。床の上にじかにあぐらをかいて坐ると、冷えやしないかとわれわれは思いますが、インドは暑い国だから、冷えるということを日本人のようにそれほど深くは感じないのです。むしろひんやりして気持ちがいいといいますね。

そこで先生がヴェーダ聖典を唱えるのです。弟子はその後をついて暗記する。暗記して、とにかく覚えてしまうのですね。それが学問なのです。だから文字に書くということはしない。宗教聖典は暗記するものだ、文字に書いてはいけないという考え方が、インドのバラモンを支配していました。他の宗教にも影響を及ぼしています。それから、こういう考え方はプラトンの対話篇にもでてきます。

ところが実学というのは、文字に書かなければいけないわけです。暗記しているだけだと数字の間違いだって起こりえますね。私はあなたに一二〇円あげましたというと、相手の人は一一〇円しかもらわなかったといった場合に、その争いはどうして解決しますか。やはり書いておく必要がある。だからインドにおける文字の使用は商人の間で始まったのですね。

インドの文字はフェニキアから来ているのです。西暦紀元前八〇〇年ころに、西アジアのフェニキアからインドに文字が入ってきて、インド化されたといわれています。その証

釈尊の勉学（インド博物館蔵）

拠には、紀元前八〇〇年ころのフェニキアの碑文があります。その文字を、インドの非常に古いアショーカ王の碑文とか、その他の古い文字と比べてみると、符合するのですね。ということは、紀元前八〇〇年ころのフェニキアの文字を、インドの商人が習って使ったということです。

古代のインドで商人が多かったのは、仏教徒と、ことにジャイナ教徒です。だからジャイナ教徒は数字を紙に書くということをやっていた。ジャイナ教の書物は、年次、あるいは数字に関してはっきり書いていることが多いのです。

文字を使う学問は実学ですね。ことに商業に関することです。釈尊の生涯を描いた浮彫では、文字を石板に書いている。だからバラモンの学問とは全然ちがったものを習っていたということです。

それからまた、ゴータマ・ブッダが学校へ習いに行ったという伝説はおもしろいと思います。王さまの子どもなのだから、教師を自分の宮殿に呼びつけて習ったと考えるのが普通ですね。そうではなくて、学校へ出かけて行ったと、古代のインド人は伝えているのです。これはおもしろいと思います。ここではゴータマ・ブッダはまだ神格化されていない。この方が歴史的事実を伝えているように思います。

釈尊の生涯を伝えた彫刻、ことに浮彫には西暦紀元後のものが多いのですが、これからも逐次ふれますけれど、わりあいにパキスタン北部のガンダーラに多いのです。仏教の彫刻は、インド本土というか、インド共和国でも見つかっていますし、パキスタンのガンダーラでも見つかっていますが、概してガンダーラの方が仏伝を多くあつかっています。これに対してインド本土の方はジャータカですね。釈尊の前世物語です。空想にもとづいた、非常に幻想的な、釈尊の美徳を讃える物語です。このジャータカ物語がインド共和国にはわりあいに多いのです。

ここにもインド的思惟と西洋的思惟の対立が見られるような気がします。

インド人のものの考え方は、遠い彼方に思いをはせて、空想をたくましくする。ところがガンダーラ美術のほうは、ギリシア、イランの影響を受けているから現実的なのです。お釈迦さまだってこの世に生きていた人です。だから生きた姿を写実的に、リアリスティックに表わしたい。その極に見られるのが、ご承知のように、ラホール博物館に保存されている苦行像です（一一九ページ参照）。いかにもリアリスティックです。そういう違いがあります。仏伝の彫刻はインド共和国の本土でも見つかっていますが、何かほんのりしていて、子どもらしい、かわいらしいところがありますね。

二　若き日の苦悩

釈尊の回想

釈尊は、小さいながらも一国の国王の長子でしたから、政治的な地位と物質的な享楽という点では恵まれていたわけです。しかし彼はそれに満足することができなかった。彼は少年時代から人生の問題に深く思い悩んだのです。それには釈尊自身の天性もあったでしょう。また叔母さんがかわいがって育ててくれたにしても、母なき寂しさ、その憂鬱のためもあったのではないでしょうか。後年、釈尊が自分の若かりしころの追憶を述べている。それが経典に出ています。パーリ語の聖典から訳してお伝えしましょう。

「私はいとも優しく柔軟であった」

つまり身体が柔弱で華奢《きゃしゃ》であったというのですね。

「わが父の屋敷には蓮池が設けられてあり、そこには、あるところには青蓮華が植えられ、あるところには紅蓮華が植えられ、あるところには白蓮華が植えられてあったが、それらはただ私を喜ばせるためになされたのであった。

私は良い香りのするカーシー（＝ベナレス）産の栴檀香《せんだんこう》以外は決して用いなかった。私の被服はカーシー産のものであった。下着もカーシー産のものであった。内衣もカーシー産のものであった。

邸内を散歩するときにも、寒さ、暑さ、塵、草、夜露が私に触れることのないように、実に私のために昼も夜も、白い傘蓋《さんがい》がかざされていた。

その私には三つの宮殿があった。一つは冬のため、一つは夏のため、一つは雨季のためのものであった。それで私は雨季の四か月は雨季に適した宮殿において、女だけの伎楽にとりかこまれて、決して宮殿から降りたことはなかった。

他の人々の一般の屋敷では、奴僕、傭人、使用人にはくず米の飯に酸い粥をそえて与えていたが、私の父の屋敷では、奴僕、傭人、使用人には白米と肉との食事が与えられていた」

この回想はたぶん事実に近いものだろうと私は思います。インドでもお殿さま、マハーラージャといいますが、豪族はあちこちに宮殿を持っているのです。自分の領土に宮殿を持っているだけではなく、あの神聖なベナレスのガンジス河の河岸にインドのマハーラージャ、それからお金持ちがずらっと建物を作っています。そして自分専用の階段があるのです。そこから降りて、ガンジス河で水浴をして、また帰ってくる。今でもそれは続いているのです。あの水浴は、イスラム教徒もやるそうです。

ちょうどハワイのワイキキに似ているのですね。ワイキキにはたくさんホテルがあるでしょう。そのホテルが浜辺を買い切っているのです。だからそこのホテルに泊まっている人だけが、その浜辺で遊べるのです。そして浜辺へ行くのに、ホテルによって違うのでしょうが、特別のエレベーターが用意されています。

私がハワイで泊まったホテルの一つにも、いくつかのエレベーターがあって、あるとき私はその一つに乗ったのですが、乗るのをまちがえたらしくて、それは浜辺へ直行するエレベーターだったのです。するとごく軽装の若い娘さんが浜辺へ行くかっこうをして乗っていました。人に見られないで浜辺へ出られるわけです。

蓮池と蓮華

話が横にそれましたが、お金持ちは宮殿を持っているのですね。そしてそこに蓮池がある。蓮池というのは、日本の「心字の池」のような、ああいう不規則な形のものではない。真四角です。インドでは、たいてい池は真四角です。お金持ちが作る場合には必ずそうします。釈尊の誕生地ルンビニーも、掘ってみたら池の跡が見つかった。それがやはり真四角で、まわりが階段になっているのです。階段を降りていって、そこで水浴をするのです。ヒンドゥーのお寺に行っても、お寺の外側、向かって右のほうに今いったような蓮池があって、階段で囲まれています。すると年輩のおばあさんが階段を降りてきて、下の水のあるところでサリーを洗濯しているのです。少しずつ洗濯して、はじのほうまで洗濯する間には、最初に洗ったほうは乾いてしまう。それがインドの蓮池です。

日本の心字の池とか、あるいは宇治の平等院の池などは極楽浄土を擬していますが、みんな形が非常に不規則でしょう。あれは自然のままです。日本人は自然のまま、不整合ということを尊びます。だから、池が真四角で幾何学的にできていたら、日本人にはどうも自然という感じがしない。ところがインドの庭園は、イスラムと共通ですが、全部幾何学的です。シンメトリカル、左右対称ですね。

極楽浄土に蓮池があるといいますが、原典を読むと、やはりどうも真四角な池が極楽浄土にあると考えていたようです。その証拠に、四辺に階段があるというような記述が、『大無量寿経《だいむりょうじゅきょう》』のサンスクリット原本には出ています。ところが日本人にはそんなのはおもしろくない、やはり平等院にあるような池、ああいうのがいいなと思います。民族によって審美感が違うのです。では原典と極楽浄土の観念が違って困りはしないかというと、それはかまわないと思います。しょせん理想の境地を描いているのだから、おのおのの民族にとっての理想の境地を描き出せばそれでいいのです。

そして池は、少なくともお金持ちや殿さまの池は蓮池です。池のことをプシュカリニーといいます。それは「蓮を持っている池」という意味です。

インドでは蓮が非常に珍重されました。ブッダガヤーあたりに行っても、やはり蓮池があります。そこは、釈尊がさとりを開いてゆあみされたと伝えられる場所です。私も何度か行きましたが、蓮の花が咲いていました。蓮は季節とはあまり関係ないのでしょうか。そして紅蓮華、青蓮華、白蓮華とあるのですね。みんなサンスクリットの原語が違うのです。

京都には青蓮院というお寺の名前があるでしょう。日本では、蓮華という言葉があって、その上に青とか紅とかいろいろつけて区別するのですが、インドでは、青蓮華はウトパラ、紅蓮華はパドマ、白蓮華はプンダリーカと、みんな言葉が違うのです。つまり、蓮というものに対して非常に敏感であった。それで蓮はインドの国の花です。

日本で国の花というと何を考えるでしょうか。菊の花などは非常に崇高な、いいものだと思いますね。桜も春の花として、みんなが愛する花です。それに相当するのがインドでは蓮です。だからこそ極楽浄土には蓮池があり、蓮の花が美しい、しかも蓮の花が車輪のように大きいというのです。これは誇張じゃないかと思われるかもしれませんが、カルカッタの植物園に行ったら、ほんとうに車輪のように大きい花弁のある蓮華があります。

インドの最高の勲章はパドマ・ブーシャナといいますが、「蓮の装飾」という意味です。つまり蓮をもって飾るのが最高の名誉であり、そしてまた喜びなのです。結婚式の時も蓮の花で飾ります。

日本とはたいへん違います。日本で蓮の花と言うと何を連想しますか。私の親戚の家におばあさんがいたのですが、お正月に若い娘が蓮の花の軸物を持ってきました。お正月早々縁起でもないとおばあさんはたいへん不機嫌になったそうです。日本では縁起でもないけれども、インドではもっともめでたい、いい花なのですね。

王宮の生活

そして衣服の類いは、すべてカーシー産のものであった。つまりベナレス産です。カーシーというのはベナレスの昔の名前です。ベナレスというところは、昔から織物工業のさかんなところです。釈尊の時代あたりから始まっていて、近世になってもやはり紡織の中心地でした。近代思想が起こる場合、資本主義というのはどこの国においても綿業資本と結びついて発展しますね。インドでもそうで、ベナレスから近代思想が起こっています。これはずっと後のことですが、インドの織物工業を滅ぼしたのはイギリスです。それまではベナレスがインドの織物の産地でした。

そして屋敷の中を歩くときに、夜も昼も白い傘蓋がかざされていた。傘をさす。日本人が傘をさすのは雨よけです。今日は雨が降りそうだから傘を持って行きましょうという。インド人はそうではない。というのは雨は雨季の時だけは猛烈に降りますが、雨季以外には降ることはありません。日本には「雨天順延」という言葉があるでしょう。雨が降ったら次の日に延ばす。インドではそういうことはない。雨季以外には絶対に降らないし、降って少々濡れたって、かえって気持ちがいいくらいでしょう。日本とは違うのです。

では傘はいらないかというと、そうではない。日傘です。日光の直射が強いですからね。インドで大学の構内を歩いていると、そうとう日に焼けた、色の黒いプロフェッサーたちが、黒いこうもり傘をさして歩いているのです。雨なんか降っていない。日が照りつけているのです。日光の直射を避けるために傘をさすのです。これはインドもスリランカも共通です。

貴人の場合には、かならずお付きの人が上から傘をさしかけます。そのアイデアが仏教に取り入れられて、お寺では仏さまの上に傘蓋というのをかけています。あれはもとは傘なのです。傘にさらに装飾をこらして、ああいうものを作った。あれはもともと貴人にさしかけるものです。お釈迦さまも王族として育っているから、お付きの人が白い傘蓋をかざしていた。白いという意味は、白のほうが熱を吸収しないからです。ちなみに密教には、「白傘蓋陀羅尼《びゃくさんがいだらに》」というものがあります。

そして三つの宮殿があった。こういう優雅な生活に慣らされていたので、ゴータマ・ブッダは身体的にひ弱で、精神的には優しい子であったらしい。おそらく宮殿の中に閉じ込められていて、同年輩の子どもと遊ぶということは、あまりなかったのではないでしょうか。わが国でも明治維新以前には、ある程度の身分のある人の子どもは、ことに女の子は、屋敷の外で遊んではいかんといわれてましたね。

老病死の考察

「私はこのように裕福で、このように柔軟であったけれども、つぎのような思いが起こった。愚かな凡夫は自ら老いゆく者で、また老いるのを免れえないのに、他人が老衰したのを見て、考え込んでは、悩み、恥じ、嫌悪している。われもまた老いゆく者で、老いるのを免れえないのに、他人が老衰したのを見ては、悩み、恥じ、嫌悪するであろう。——このことは自分にはふさわしくない、と思って。

私がこのように考察したとき、青年時における青年の意気はまったく消え失せてしまった」

人が老いている姿を見ると、ああ嫌だなあと思う。今度は自分もそうなると思うと、意気阻喪するというのですね。

「愚かな凡夫は自ら病む者で、また病いを免れえないのに、他人が病んでいるのを見て、考え込んでは、悩み、恥じ、嫌悪している。われもまた病む者で、病いを免れえないのに、他人が病んでいるのを見ては、悩み、恥じ、嫌悪するであろう。——このことは自分にはふさわしくない、と思って。

私がこのように考察したとき、健康時における健康の意気はまったく消え失せてしまった」

人が病気にかかっている。哀れですね。けれども、自分もやがて病む者だ。それに人は気づかないけれども、待ち受けている運命である。

「愚かな凡夫は自ら死ぬ者で、また死を免れえないのに、他人が死ぬのを見て、考え込んでは、悩み、恥じ、嫌悪している。われもまた死ぬ者で、死を免れえないのに、他人が死ぬのを見ては、悩み、恥じ、嫌悪するであろう。――このことは自分にはふさわしくない、と思って。

私がこのように考察したとき、生存時における生存の意気はまったく消え失せてしまった」

こういう反省が若き釈尊に起こったと伝えられています。迷っているわれわれ凡夫は、自ら老衰の運命を免れない。それなのに他人が老衰しているのを見ては嫌悪の情をいだく。しかしこの嫌悪の気持ちはやがて自分自身に向けられてくるのではないか。自分もまたこのように老い衰える運命を免れないのに、他人が老いさらばえた姿を見て嫌悪の情をいだく。何とあさましいことであろう。病気、死ということについても同じである。つまり自分自身の身に引きあてて考えているのです。

この反省は非常に生々しい実感を伴っています。成長した人は自分がいつまでも若々しく、老いないように、また健康であって病気にならないように、またいつまでも生きて死なないようにと願っている。けれども人間に根ざしたこの願望は、決して充足されないのです。

「ああ短いかな、人の生命よ。百歳に達せずして死す。たといこれ以上長く生きるとも、また老衰のために死す」

三つのおごりと四門出遊

原始仏教における仏教者は、今いったこのような反省は、三つのおごりを表現しているものだと考えました。おごりたかぶるということは、普通は高位高官の偉い人、お金があり、力がある人、そういう人がおごりを持っていると思われていますが、そうではない。実は人間そのものに根ざしている。

世間では、おごりたかぶっている人を非難します。しかし実は非難している人もおごりを持っている。それは何か。まず若さのおごり、自分は若いというおごりです。あの人は老いているけれど、自分は若い、元気だと思う。さらに健康のおごりというのがあります。あの人は病気で悩んでいるが、自分はまだ元気だ。そう思うとき、そこにおごりがひそんでいる。

では病気で元気もなく年老いている人にはおごりがないかというと、そうではない。まだ自分は生きているというおごりがある。おごりというものは、人間にとって本質的なものなのですね。と同時にそれは完全には実現されないから、空虚なものです。ところが空虚なものであるという反省が人々にない。だからおごりたかぶっているがゆえに、若さを無益に費してしまう。若い時をむだに過ごす。さらに健康であるというおごりがあるために、自分の健康をむだに費してしまうのですね。さらに、自分はまだ生きているというおごりがあるために、生きているうちになすべきことを怠ってしまう。

こういうおごりが人間を支配し、人間にとって本質的であるということを、釈尊は若いときに既に気づいていた。そこでそれ以上の、それを超えた何ものかを求めるべきである。そうしたよりよきもの、真の楽しみを見出したい。それはまだ見出されないでいるから、それを見出そう。そう願っていたのです。

そして物思いにふけるということですね。これは釈尊が若いころから実行していたようです。ことに自分の家の外に出て、木陰にあって静かに瞑想する。禅定にふける。こういうことを行なっていた。

いま、老病死のことをいいました。その反省が定型化すると、のちに「四門出遊《しもんしゅつゆう》」の伝説が成立するようになったのです。インドのお屋敷はだいたい四角い形で、四辺にそれぞれ門があるから、四つの門がある。そのそれぞれから外へ出たときに、まず老人を見て、病人を見て、死人を見た。最後の門から出たときに、本当の修行者を見たという。これが「四門出遊」の伝説です。この伝説は少し遅れて成立したものだと思います。

三　結　婚

武勇談――グルカ族とシク教徒

それから後代の仏伝には、釈尊の若き日の武勇談が出ている。これも古い経典にはあまり出てこないのですが、のちに作られた仏伝の中には出てきます。これをどう解釈すればいいのでしょうか。おそらく後世になってから、ゴータマ・ブッダの偉大性を讃えるために、武術にも長じていたという伝説がおこったのではないかと思います。

ただネパールの若干の部族は、武勇をもって鳴るのです。ネパールにグルカ族という部族がいます。この名前はサンスクリットの「ゴーラクシャ」から来ています。「牛を守るもの」という意味です。それが「ゴーラッカ」となり、「グルカ」となる。今のネパールの王朝が頼りにしているのも、このグルカ族です。それほど武勇をもって鳴り、ネパール人の誇りとされています。ネパールのグルカ族の人に会ったことがありますが、「吾輩は前の戦争の時には日本軍と戦った」といっていました。つまりイギリスが傭兵に使ったのです。イギリスが傭兵として使うのに役立った部族が二つありました。一つはネパールのグルカ族、もう一つはインドのシク教徒です。どちらも武勇をもって鳴ります。

シク教というのは、四、五百年前に成立した宗教です。ナーナクという人が説いた教えです。ナーナクは、一四六九年に生まれています。何年か前にナーナクの誕生の五百年祭が行なわれました。シク教系の大学がそれにたいへん力を入れていて、来年が五百年祭というときに、私はパンジャーブのパティアーラというところにある、シク教の経営している大学に行ったことがあります。来年いよいよ本式に五百年祭をやるから、おまえもぜひ来いと、そこの学長先生がおっしゃるのです。何とか都合をつけてまいりましょうといったら、本当に来なきゃいかんぞと念を押されました。

シク教は本来は平和の宗教です。カーストを否定し、従前の宗教儀礼を否定するのですね。それから偶像崇拝をいっさい行なわない。偶像否定はイスラムの影響です。シク教はもともとヒンドゥーから出ているのですが、イスラムの影響も受けている。独身の修行者というものを認めない。つまりみんな家庭の人なのです。世俗の職業に従事することの中に本当の宗教がある。シク教はそこから出発します。

最初は別に好戦的でも何でもなかったのですが、そのうちイスラムの帝王と対立するようになったのです。イスラムの帝王が彼らを圧迫した。そこで彼らは団結を強固にして、独自のコミュニティを作るようになりました。シクの法主はかなり多くの人がイスラムの帝王に処刑されています。しかも非常に残酷な刑罰を受けている。それでシクはますますイスラムと敵対するようになったのです。

私がシクの寺院に行ったとき、普通だったら儀式に参列させてくれないのですが、さきほどお話しした大学の学長先生が特別にはからってくれました。

シク教の大学に宗教学の先生がいて、その方はヒンドゥーなのです。そのヒンドゥーの先生は、シク教の大学に勤めていながら、まだシクのお勤めを見たことがない。日本でいえば、かりに曹洞宗のつくっている大学がある、あるいは本願寺のつくっている大学があるとしましょう。そこの宗教学の先生が、曹洞宗あるいは本願寺の儀礼を見たことがないというようなものです。

そこで学長先生が、「あんた、宗教学の教師じゃないか、いっぺん見に行けよ」ということで、私といっしょに行くようにアレンジしてくださった。つまり宗教の間の隔てがあるから、ヒンドゥーの人を寄せつけないし、またヒンドゥーの人も行きもしないという関係です。たまたまアレンジしてくださったから、行ったのです。

朝早く四時ころからお勤めをしていました。お寺の中はがらんとして、神像は何もないのです。ただ祭壇のようなものがあって、その上にシク教の聖典が置いてあるのです。それを『アーディ・グラント』といいます。最初は『グラント・サヒブ』といったのです。「サヒブ」というのは西の方からの言葉ですが「あるじ、ロード」という意味です。「グラント」というのは、「束ねる」という語源に由来し、書物という意味です。

インドの書物は、しゅろの葉を切って、なめして、そこに鉄筆で字を刻み、そこへ特殊な油を流し込む。すると見ているまに刻んだところだけ黒くなります。それを束ねて、まん中に穴をあけて、紐を通す。だから「束ねたもの」というのが書物という意味になります。

今日では束ねたのを真似ただけのような書物になっていますが、それを祭壇の上に置く。それはシク教の開祖の言葉、またそれ以前の師匠の言葉を集めたものです。書物を尊ぶのです。そしてその前にお花が供えてある。お花の間に二本の剣がかけてあります。インドの刀は少し曲がっています。正義を守り、邪を払う。イスラムの帝王に抵抗した歴史があるから、それが今日でも、お勤めのときに剣をかけるというところに生きているのです。イスラムの軍隊と戦い、最後はイギリスと戦っています。結局、妥協はしたのですが。

シク教の聖典自体は、あらゆる束縛をなくして、すべての人が神のわかれだというのですから、愛を説く宗教です。ただ、寺院を作るということは、開祖ナーナクの精神に反すると思うのですが……。いかなる偶像も崇拝してはならないというのですから、寺院を神聖だと思うこと自体が、厳密にはその教えに反するわけですけれども、やはり宗教というのは、五百年の歴史をたどり、その間に法難があったりすると、局外者が軽々しく口をさしはさめないような事態も生じてまいります。

シク教徒の男性はいつもターバンを巻いています。それにひげを伸ばしていて、ひげがもじゃもじゃになると行動しにくいものだから、ネットでもって囲っていますね。ひげはシク教徒の教義のようにいわれていますが、根本教義には何も関係ないのです。彼らはイスラムの帝王に対抗するためにゲリラ戦をやった。ゲリラになるとひげをそったりなどできないから、いつのまにかひげを伸ばすのが目印のようになった。それに、身を守るためにターバンをしたのです。頭を守ることになるでしょう。そして戦う場合には武器を使います。武器は精巧なものの方が有利です。そこでシク教徒は機械の使用にたけている。技術に巧みなのです。だからタクシーのドライバーに、シク教徒が非常に多いですね。

ある時、私の乗っていたタクシーが見えなくなったので、どこへ行ったのかなと、世話役のインドの役人に聞いてみると、「あなたの乗っていたタクシーのドライバーはヒンドゥーかね、シクかね」というのです。まずそれで見分けて、それから捜してくるというのです。シク教徒だったら、ターバンをしているからすぐに見分けがつく。教養とは何の関係もありませんが、そういう習俗ができてしまっているのです。

シクがヒンドゥーと対決したということは、歴史上あまりありません。もっぱらイスラム、イギリスとやりあったのです。

話がそれてしまいましたが、ネパールのグルカ族も強くて武勇をもってなる部族です。だから、先ほどいったようにグルカ族もイギリスが傭兵として利用していました。イギリスが香港とかシンガポールを統治する場合に、自分ではやらないのです。人数も足りないから、それでシクやグルカの傭兵を使うのです。この点で、イギリスはなかなか巧妙です。グルカとかシクを使って、同じ東洋人を圧迫させる。だから反感は直接イギリスにはこないで、シクやグルカにくるわけです。

ネパールにそういうグルカ族のような部族がいるものだから、昔だって勇敢な部族がいただろう。お釈迦さまも武術を習ったかもしれない。おそらくそういうところから、お釈迦さまの武勇談の伝説ができあがったのだろうと思います。しかし、ほんとうのところはよくわからないのですね。少なくとも釈迦族がまわりを侵略したという伝説はありません。むしろコーサラ国の侵略を受けて、最後には滅びてしまう。だから釈尊が武術を習ったとしても、一通りはやったという程度で、釈迦族にとって本質的なものではなかったと思います。

妃ヤショーダラー

次にゴータマ・ブッダの結婚のことですが、結婚したことは事実であったに違いない。これはすべての仏伝が伝えています。その妃がラーフラという子どもを生んだ。これもすべての仏伝の伝えるところです。ただ今日のわれわれが考えると、結婚というのは人生の大きなクライマックスでしょう。ところが古い経典の中には、ほとんど釈尊の結婚のことが出てこないのです。時にはお妃の名前が伝えられていない。あるいは伝えられていても、その名前がいろいろなのです。

ことに北方に伝わった聖典ではいろいろな名前で伝えらえていますが、わりあいによく知られているのは、ヤショーダラーという名前です。「ヤショー」というのは「名誉、誉れ」という意味です。「ダラー」は「保つ」という意味です。だから、「誉れを保つ」「誉れある淑女」という意味です。あるいは時に、ゴーピーと呼ばれていることもあるのですが、これは「牛飼いの婦人」という意味です。

それから南アジアのほうに伝わった聖典では、ただ「ラーフラの母」となっているだけで、その名をあげていないことがあります。

ヤショーダラーというのはインドではしばしば聞く名前です。その名がはっきり伝えられていないところからみると、おそらく妃は典型的な、しとやかなインドの貴婦人で、夫に対して従順であったから、表面に現われるほどゴータマの一生に衝撃的な影響を与えなかったと思われます。たとえばお妃が非常に性格の悪い婦人であったとか、あるいは淫乱の人であったというようなことがあって、それがゴータマの出家の原因となったというのなら、聖典の中に伝えられたろうと思います。名前が出たに違いない。ところがその名があまり出てこない。つまり、聖典作者は彼女の名前を忘れてしまったのです。

後代になると、仏伝作者は彼女について何か書かなければならない。そこで名前を伝えたのか、考え出したのか、いろいろと命名したのです。妃の名前を勝手に捏造したようにも思われる。けれどもわれわれは、この事実のうちに、ネパール的、あるいはインド的貴婦人の類型の特徴を見出すことができると思います。

それから後世の仏伝になると、武勇を競って釈尊がいちばんすぐれていたからお妃を獲得したのだという伝説が出てきます。これはインドの叙事詩『マハーバーラタ』などによく出てくるのです。もとの言葉で「スヴァヤンヴァラ」といいますが、つまり婿選びです。武勇を競わせて、一番の勝利者に王が娘を与える。釈尊に関してのこの伝説は、後代の仏伝に出てくるものなので、あるいは『マハーバーラタ』などの影響ではないかと考えられます。

お釈迦さまの結婚を仏伝では「納妃」といっていますが、現代人の立場から見ると、お妃を迎え入れたということは、重要な出来事ですね。お妃をどう扱うか、これは後代の仏伝になるにしたがって、だんだん姿がはっきり出てきます。

仏伝図の表現方法——浮彫から映像へ

最近は、結婚式でのビデオ撮影など、めずらしくなくなりました。そんなこととも関係するのでしょうか、近年になると、仏伝を浮彫だけで表現するのでは満足しなくなったのですね。

浮彫でずっといろいろなシーンを並べていくのは、日本でいえば絵巻物です。映画もテレビもない時代に、人々にプロセスを印象づけるには、あの方法がいちばんよかった。そこで仏伝の場面を次から次へと並べていく。ガンダーラにもありますし、またインドネシアのボロブドゥールの仏伝壁画はわりあいに詳しいです。そのかわり年代が後のものですから、後世の想像の部分も相当にあると考えられます。

今日になると、書物のかたちで、いろいろなシーンを集めて仏伝を作るということがよく行なわれています。わりあいに彫刻が多いでしょう。インドでは壁画はあまり残っていないけれど、彫刻はたくさん残っています。こういうのを並べると、それだけで仏伝ができるわけです。

この手法を映画に取り入れて、インド政府の観光局が映画を作りました。現代の技術は進んでいるから、おもしろい手法を使うのです。地方のお祭りで人々が踊っているときに、いろいろな姿かっこうをした人がいるでしょう。それを交互に映像で出すと、踊っているように見えるのです。なるほどああいう技法ができるのかと、私は感心しました。ただ、それはあくまでも古典的な作品にもとづいたものです。

西江孝之さんがお作りになった「ゴータマという男」という映画があります。私も拝見しましたが、非常に苦心なさって、実際に釈尊にゆかりのある場所で、ちょうど適切なシーンを撮っておられます。作られてからすでに何年かたっていますが、仏教界からも賞賛の声が上がっていて、すぐれた内容の映画だと思います。

彫刻なども利用していますが、現地で生きている場面を撮ってくださった。これはなかなか容易なことではありません。私もしばしば現地に行くので、ご苦労はよくわかります。西江さんばかりでなくて、現地へ行って写真を撮る方のご苦労には、ほんとうに頭が下がります。

四　出家

家を去る

さて新たに妃を迎えたその喜びも、ゴータマ・ブッダの憂鬱を消し去ることはできなかったのです。愛児に対する愛情も、かれを永久に世俗の人としてとどめることはできませんでした。二十九歳のときに、真理を求め、人生の問題を解決しようという念やみがたく、ついに王城を出て出家したのです。出家したときの年齢はいろいろいわれていますが、二十九歳という説がもっとも多い。出家したときの状況は次のように述べられています。

「比丘らよ、私は実に道を求める心を起こして後に、まだ若い青年であって漆黒の髪あり、楽しい青春に満ちていたけれども、人生の春に父母が欲せず、顔に涙を浮かべて泣いていたのに、髪とひげを剃り落として、袈裟衣《けさ》をつけて、家を出て出家行者となった」

袈裟というのは、サンスクリットで「カシャーヤ」というのですが、訳しにくいので、音を写して袈裟というのですね。猟師さんなどがぼろぼろの着物をまとっている、ああいうのも、もとはカシャーヤというのです。だから、行者は世俗の華美な衣を捨て去って、身をどん底にまで落とすという決意をもって、出家行者となったというわけです。

こういう言葉もあります。

「修行者ゴータマは、多くの親族の群れを捨てて出家した。彼は地中にあり、また空中にある多くの金塊を捨てて出家した」

地中にある金塊というのは、精錬されていない金鉱石のようなものをいったのでしょう。あるいは当時は金塊を地中に埋めて、盗難を防ぐということも行なわれていました。空中にある金塊というのは何でしょう。高い宮殿の中に収められている金塊のようなものをいったのでしょうか。

「彼は青年であったころに、漆黒の髪があり、人生の花開いた美しい青春に富んでいたのに、家から出て、家なき状態に出家した。父母が不同意であったのに、また父母が顔に涙を流して泣いたにもかかわらず、髪やひげを剃り去って、袈裟をまとい、家から出て、家なき状態に出家した。……。

実に修行者ゴータマは、高貴にして破られざる王族の家から出家した。彼は繁栄していて大財産あり、非常に富裕な家から出家した」

彼は宮廷で歓楽の生活をほしいままにした。ところが、ふと一夜目覚めて、宮廷の女官らがしどけない姿で取り乱して寝ているのを見て、女人たちを嫌うようになった。多くの仏伝には、こう伝えられています。歓楽の生活を厭うて家を出たというのは、彫刻にもよく出てまいります。ただ、古い聖典にはこのことはあまり出てこないですね。

それから、王宮の歓楽というのは、部分的にアジャンターの壁画に出ています。それがはたして、釈尊のカピラヴァストゥの王宮を示しているかどうかはわかりません。文字が残っていませんから。ただ王宮の歓楽の場面を描いた壁画だけが残っているのです。

王宮の歓楽（ニューデリー国立博物館蔵）

これは、釈尊の姿は描かれていませんが、出家の決意を固めて、カンタカという愛馬に乗って出て行くところです（八三ページ参照）。ちなみに、釈尊の姿が彫刻に描かれるようになるのは、後代のことです。これはアマラーヴァティーの彫刻です。

アマラーヴァティーにはすばらしい、きれいな彫刻がたくさんあります。それをイギリス人が集めてロンドンに送ったのですが、第一回の船は沈んでしまった。第二回の船は無事に着いたそうです。大英博物館にはそういうものが残っています。今はマドラスの博物館にもすぐれた作品が残っていますね。現地にはストゥーパの跡はありますが、彫刻は何もないのです。

インドには古い壁画とか絵画が全然ないのです。もともとはあったのでしょうが、暑い国だから、みんな腐ってしまう。石の彫刻だけが残っています。インドの絵画は、むしろムガール帝国以後、ここ数世紀の間に作られたものが、主として細密画として残っています。それはそれなりにいいのですが、ペルシア芸術の影響を受けておりますし、ムガールのころはインドにもう仏教はないのですから、仏教芸術は全然ありません。

出家は是か非か

釈尊は愛馬カンタカに乗って城を出て行った。ここから釈尊の修行者としての生活が始まるのですが、ここで問題があるのです。釈尊には妻子があったではないか。それなのに、それを捨てて出家するのは無責任ではないか。こういう非難がアジアの諸国でなされています。インドでもバラモン教のほうからそういう非難が出ている。それからシナでは儒教から、日本でも儒学者と国学者がいっています。これをどう解釈したらいいか。

『カウティリヤのアルタシャーストラ』という本があります。ふつう『カウティリヤ実利論』といわれています。これは、国を治めるにはどうしたらいいかという権謀術数を述べている本です。スパイを使うにはどうしたらいいかとか、敵国をやっつけるには裏からどうしたらいいかとか、国を富ましめるにはどうしたらいいか、というようなことを述べた書物です。

カウティリヤは、インドのマキャヴェリといわれています。この人は、チャンドラグプタというインド全体を統一した王さまの宰相、総理大臣です。『実利論』は、彼が残した書物だといわれています。世の中でいちばん大事なものは何か、人はいろいろいうけれども、実利が根本だ、金がなければどうにもならん。そういうことをいっているのです。

昔のインドでは、人生には三大目的、あるいは四大目的があるといいました。愛欲と実利と義務と解脱です。若いときは人間は恋愛に夢中になる。だから愛欲を求めるのですね。これも人生の目的の一つです。それから少し年をとって壮年になると、つまり人生の活動時代、脂ののっている時代になると、まず利益を追求する。金もうけをしたい。ところがさらに年をとると、金もうけだけではどうもぐあいが悪い。やはり人間の世の中には理法、法というものがなければならないというようになる。人間の道ですね。日本でもそうでしょう。道徳教育などということを言うのは、わりあい年配の人が多いですね。ところがもっと年をとると、もう道徳教育も言わないようになります。ああ、もうこれはどうにもしようがない、お寺参りをして、神仏を拝んで、この世を終えようということになる。脂っ気もなく、欲もなくなり、解脱を求めるのです。

こういう三つまたは四つの人生の目的がある。これは叙事詩でもよく言います。『カウティリヤ実利論』でもこれを説くのですが、『カウティリヤ実利論』の立場は、三つまたは四つの目的があるが、そのうちでいちばん大事なのは実利である。人生は金がなければだめだ、恋愛の勝利者になるにも、道徳を維持するにも、結局は金がなければだめだというのですね。非常に現実的です。

出城（マドラス博物館蔵）

いままでインドの文化というと、インドは詩の国、夢の国、宗教の国、文芸の国、そう思われていた。ところがこの本が見つかってから、実はそればかりではない、インドには利にさとい面もある、ことに悪い意味の官僚制度がこんなに行なわれたところだ、ということがわかったのです。

その本の中にこういうことが書いてあります。『カウティリヤ実利論』二・一に、妻子・親族にたいする扶養の義務を規定していますが、妻子に物を分かたずに出家することを禁止しています。妻子に財産を与えて、生活に困らないようなら出家してもよい。出家というのは、今日でいうと、外国へ留学するというようなことだっただろうと思います。どうしても家族から離れて行くわけですね。非常な決心がいります。

もっとも留学といっても、昔と今では意味も違いましたね。以前は外国へ行くということは、容易なことではなかった。水盃で出かけたものですが、この頃は非常に楽になって、家族と別れるのではなく、奥さんといっしょに出かけて行くのが非常にふえたでしょう。

留学の性格もずいぶん変わってきて、留学を遊学ともいいますが、昔は遊学というのは、おもむき学ぶことだった。ところがこの頃は遊びに学ぶのですね。時代によって違いますが、当時の習俗として家から離れて修養生活を送る。これは現代においても部分的には残っているのではないでしょうか。

そういう考え方が当時はあったから、だから出家をして家族から離れるのはかまわない。しかしそのためには家族が路頭に迷うようなことがないように配慮しなければいけない。こういうことが『カウティィリヤ実利論』に規定されています。

『カウティィリヤ実利論』は、最近岩波文庫で翻訳が出ました。以前に別の訳もありましたが、今は絶版になっているので、文庫本のほうが手に入れやすいと思います。機会がありましたら、それをごらんになってください。

釈尊はその習俗に従っていたのだと思います。だからいちおうそれで説明がつくのですが、なお問題は残ります。妻子のことはそれでいいとして、釈尊は釈迦族の王子でしたから、一族の将来の問題があります。釈尊が出家した後、釈迦族はずっと存続していたのですが、やがてコーサラ国に滅ぼされてしまうのです。こういうところをどう解釈したらいいか。

あるいは、コーサラ国の強大な武力にはかなわないから、この世のことはあきらめて、自分は道を求めるのだという気持ちがあったのかもしれません。

いずれにせよ、釈尊は独自の道を求めたということがいえるでしょう。

古い詩の文句には「自分は善を求めて修行の生活に入った」ということが記されています。善、もとの言葉で「クシャラ」というのですが、それがどういう意味であるかが問題になります。「クシャラ」という言葉は同時に「有能である」という意味もあって、「人生のほんとうの意義を追求する、十分に意義ある、力に満ちた生活を求める」という意味に解しうるのです。

第三章　求道とさとり

一　釈尊とマガダ国王ビンビサーラ

王舎城

修行の生活に、釈尊は入っていかれたのですが、南方仏教の伝説によると、釈尊は出家してから七日目に、当時最大の国であったマガダ国の首都、王舎城《おうしゃじょう》におもむいたといわれています。王舎城はパーリ語で「ラージャガハ」といいます。「ラージャ」というのは「王」、「ガハ」というのは「家」という意味です。当時の都市は城郭で、城壁でとり囲まれていたので、王舎城というのです。この「城」を日本のお城の意味で解釈すると、ちょっと食い違います。むしろ都市ですね。西洋の都市、あるいは中央アジアの都市を見てごらんなさい。都市のまわりが城壁で囲まれています。もしも外敵が都市の中に入って来ると、皆殺しになってしまう怖れがある。中央アジアなどはそうですね。だから都市を城壁で囲んでいた。

王舎城というところは、昔の火山の噴火口の跡らしいのです。まわりが連山で囲まれていて、まん中が平らなのですね。それに温泉が出ます。インドでは珍しい。インドにはあまり温泉はないのです。それから地震も少ない。ところがここだけは、北の方で温泉が出るのです。そこの温泉は緑色のような、どろどろしたお湯が出てきます。

私も仲間といっしょに行ったことがありますが、せっかくインドの「伊東」まで来たのだから入っていきませんかというけれども、どうも濁っていて、きたないのではなくておそらく鉱物が溶けているのでしょうが、やはり入れませんでした。インドの人は着物を脱いで入るということはしないのですね。少なくとも腰から下は着物をつけてざぶんと飛び込むのです。すっかり濡れてしまいますが、上へあがるとまわりを囲んで、濡れた部分は脱いでしぼっています。そして十分くらいすると乾いてしまう。インドとしては例外的な温泉があるということは、火口であったということを証すると思います。地理学的に深く調べたことはありませんが。

城壁の中は平らです。だいたい土で埋まっていたと思います。箱根などだと、外輪山と内輪山があって、内側も山になっていますが、そうではなくて内側はだいたい平らで、荒れはてた荒野になっています。そしてまわりの外輪山にあたるところに城壁がめぐらしてあります。今でも城壁の廃墟の跡が見られます。それはおそらく釈尊の時代にまでさかのぼるかと思います。その中全体が都市だったから、王舎城というのです。

日本のお城とは全然ちがうのですね。日本のお城は都市の中にあって、まわりを堀で囲んで、堀の中に城壁を築いて、天守閣がそびえて、殿さまはその天守閣にいて、万一の場合には天守閣に火をかけて切腹して果てるというのが日本のパターンでした。一般の民衆は城壁の外にいるわけです。つまり、民衆は抵抗しない限りは殺されなかった。支配者が変わるだけで、民衆はなんら害を受けなかった。だから都市を囲む城壁は、日本にはないのです。

ということは、日本は武の国だと言われていて、戦いの時は命を捨てて戦うけれども、無意味な殺生《せっしょう》、無制限な殺戮ということはなかった。だから民衆はどこの軍隊が攻めてきても、逆らわない限りは安心していたのですね。つまり同一民族で同一言語を話し、習慣もだいたいお互いにわかっている。宗教は、多少の違いはあっても、西洋におけるような宗派的闘争はない。そこで日本の民衆は平和な生活を送り、戦うのは武士だけという構造になっていたのです。

だから皆さま仏典をごらんになって、「城」とあっても日本とは意味が違うのです。城のあり方が違うということは、日本民族の暮らしと、大陸における人々の暮らしとには違いがあったということです。

修行者釈尊

釈尊が王舎城に行って歩いていたら、ビンビサーラという当時の王さまに見つかったと伝えられています。『スッタニパータ』の文句を紹介すると、

「目覚めた人ブッダは、マガダ国の首都、山に囲まれた王舎城に行った」

「山に囲まれた」というのは、つまり当時防衛のためには山に囲まれているところの方が有利だったわけです。のちにマガダの国があちこちを征服して、インド全体を統一するようになると、もう山城にこもる必要はなくなるから、パータリプトラというガンジス河の合流点に移ります。アショーカ王のときは、すでにそちらに移っています。アショーカはインド全体を支配していたからです。

日本でいうと、鎌倉時代の城は山城でしょう。鎌倉にしても山で囲まれている。千早城などは山の上の高いところにあった。ところが豊臣秀吉や徳川家康になると、交通の便のよいところに城を構えて、全国を支配するというふうにしていたでしょう。それと似ています。お釈迦さまのころにはマガダは強国でしたが、まだ山に囲まれたところにいた。

「優れた相好に満ちた目覚めた人は、托鉢のためにそこにおもむいたのである。マガダ王ビンビサーラは高殿の上に進み出て彼を見た」

仁徳天皇も高殿から民の暮らしを見られたという言い伝えがありますが、インドでは屋根の上が平らになっていて、その上で昼寝もできるし、あちこち眺めることもできるのです。それが高殿です。そこから眺めていたら、釈尊を見つけた。

そこで王さまは、侍臣に次のようにいったといいます。

「汝ら、この人を見よ。美しく大きく清らかで、行ないも具わり、目の前を見るだけである。彼は目を下に向けて気をつけている」

これは、何か落とし物でもないかなと思って、下を見ているという意味ではありません。ジャイナ教の戒律でも同じですが、ぽかんと歩いていると虫を踏むでしょう。殺生の罪を犯す。だからそういうことのないように、注意して歩くという意味です。「目の下を注意して、気をつけて歩め」ということは、バラモン教の聖典にも説かれています。そのきまり、習俗を釈尊も実践していたのです。

王さまは続けていいました。

「この人は卑しい家の出身ではないようだ。王の使者どもよ、走り追え」

『スッタニパータ』は、さらにつづけていいます。

「派遣された王の使者たちは彼のあとを追っていった。この修行者はどこへ行くのだろう。彼はどこに住んでいるのだろう。

彼は諸々の感官を制し、よく守り、正しく自覚し、気をつけながら、家ごとに食を乞うて、その鉢をすみやかに満たした」

「諸々の感官を制し」とは、感官が外からの誘惑に犯されないように守るということです。これはジャイナ教でもいいます。

「気をつけながら」というのは、ぽかんとしたり、何か空想にふけったりしているのではなくて、気をつける、つまり自分が過ちを犯さないように、きまりに従っているかどうか、修行者らしくあるかどうか気をつけるという意味です。このことを仏典では「スムリティ」といいますが、「念」という字でよく写します。「念仏」の「念」もこれですね。

「じっと心に思っている、気をつけている」という意味です。「記憶」という意味もあります。パーリ語では「サティ」となります。

実際の生活に即していうと、スリランカの教団で、たとえば小僧さんがあわてて物を取って運ぼうとするとき、落っことしたりしますね。するとお師匠さんは「サティ、サティ」と注意する。「あわてるな、気をつけろ」ということです。これがサティ、スムリティの意味です。それを漢字で「念」と写している。だから「念」というのは「気をつける」という意味なのですね。

これは解釈を誤ると、何かを念じているというのを、現実の世界ではここに石がころがっているかもしれない、道が曲がりくねっているかもしれない、そういうことを忘れてしまって、何か一生懸命に空想している、そういう意味にとってしまいます。しかしそうではなくて、「気をつけている」という意味なのです。そういう意味を心にとめて仏典を読まれると、「念」という言葉の意味がわりあいによく理解できるかと思います。

それから「鉢をすみやかに満たした」ということは、托鉢していると家々の人が、ああこの人は立派な修行者だと思って、供養する。つまりご飯をあげる。だからすみやかに満たしたのです。これが嫌な奴だと思われると、いつまでたっても鉢がいっぱいにならないわけです。だから、「鉢をすみやかに満たした」というのは、ほめ言葉なのです。そして、「聖者は托鉢を終えて、都市の外へ出て、パンダヴァ山におもむいた。彼はそこに住んでいるのであろう」

王舎城のまわりに五つの山があります。その中の一つがパンダヴァ山です。釈尊は、その時そこに住んでおられた。のちには別の山、霊鷲山《りょうじゅせん》といいますが、そこに住んで説法しておられます。だから仏典では霊鷲山という名前がさかんに出てきます。原文でいうと「鷲の峰」といいます。西洋の学者は「ヴァルチャーズ・ピーク」と訳していますが、アメリカ人のある学者がさかんにそれを非難していました。ヴァルチャー（はげたか）という鳥は、高いところまで飛ばない。だからあんな高いところまで飛んでいたのは、イーグル（鷲）だというのです。そこのところは、私には鳥に関する知識がないから何ともいえませんが、そういう批判があるということだけいっておきます。

霊鷲山のことはまた後でも出てくると思いますが、「鷲の峰」という名前は、そこに鷲がいたという伝説もあり、また山の上の岩が鷲の羽のように見えることに由来するという説もあります。

霊鷲山は今日でも道を歩いて登って行くのです。ふもとまでは車で行って、そこから先は徒歩で登ります。ところがもう一つ別の峰があって、ラトナギリといいますが、そちらには今リフトがかかっています。だから先にラトナギリに上がって、それから霊鷲山へ行った方が楽なのでしょうが、昔の人と同じようにふもとから道を歩いて登ったほうが、ありがたみはありますね。

「ゴータマ・ブッダが自らの住処に近づいたのを見て、そこで諸々の使者は彼に近づいた。そして一人の使者は王城に戻って、王に報告した。大王よ、この修行者はパンダヴァ山の前方の山窟の中に、虎や牡牛のように、また獅子のように坐しています」

「山窟の中に」というのは、岩山で、岩が重なったようになっている。その間にくぼみがあるのです。そういうところに修行者は住んでいた。今でも霊鷲山にはそういう洞窟がたくさんあります。ここには某尊者がお住まいだったということを案内人がしきりにいいますが、それがどこまで歴史的に確実であるかは知りません。

「虎や牡牛のように、また獅子のように」というところですが、虎は近年まで王舎城に出没していたそうです。

ビンビサーラ王との出会い

「使者の言葉を聞き終わるやいなや、そのクシャトリヤ（＝ビンビサーラ王）は、壮麗な車に乗って、急いでパンダヴァ山におもむいた。……車を駆って行けるところまで車を駆り、車から降りて、徒歩でおもむいて、彼に近づいて坐した。王は坐して、それからあいさつの言葉を喜び交わした」

だいたい当時の習俗として、王さまがいちばん偉くて力を持っているのですが、聖者から話を聞こうとする場合は、聖者のところまで歩いて行くのです。呼びつけることはしない。これがやはりインドの古代の作法で、宗教上の行者を重んじていたのです。後代までその風は伝えられています。ただイスラムの帝王の支配する時代になると、王権のほうが強くなるから、偉い宗教家でもどんどん呼び寄せています。

「王はあいさつの言葉を交わしたあとで、このように語った。あなたは若くて青春に富み、これから人生の始まる若者です。容姿も端麗で、生まれの尊いクシャトリヤ（王族）のようだ。象の群れを先頭とする精鋭の軍隊を整えて、私はあなたに財をあたえよう。それを享受しなさい。私はあなたの生まれを問う。これを告げよ」

するとと釈尊が答えて、

「王よ、あちらの雪山（＝ヒマラヤ山）の中腹に、一つの民族がいます。昔からコーサラ国の住民であり、富と勇気を具えています」

そのあたりは、わりあいに水田も多くて耕地があり、したがって生産性も高く、またそのあたりの住民は、武勇に秀でていたということをいっているのでしょう。それから「ヒマラヤ山の中腹に」とありますが、これは原文にはそうあるけれども、ルンビニーあたりに行ってもヒマラヤは見えません。天気のいいときには見えますが。現在は一面の荒野です。けれども広いインドから見ると、やはり一種の盆地で平野が続いているのです。

「姓に関しては太陽の裔といい、」

お釈迦さまは太陽の子孫だというのです。これは前にも話しました。

「種族に関してはサーキヤ族といいます」

「サーキヤ」を漢字で「釈迦」と写すのですね。

「王よ、私はその家から出家したのです。欲望をかなえるためではありません。諸々の欲望は患いのあることを見て、また出離《しゅつり》は安穏であると見て、つとめはげむために進みました。私の心はこれを楽しんでいるのです」

簡単な言葉のようですが、非常に意味深い表現です。これを分析するといろいろなことがわかります。

「象の群れを先頭とする精鋭の軍隊を整えて、私はあなたに財をあたえよう。それを享受しなさい」

この意味は、マガダが釈迦族に軍事援助をする。それから「あなたに財をあたえよう」というのは、経済援助です。そしてコーサラ国をはさみ討ちにしようと言うのです。マガダとコーサラは対立している国で、両国はしばしば戦争をしています。当時の四大強国のうちの二つで、どちらも強いのです。この二国がガンジス河の中流で対立していた。だから経済援助と軍事援助をして、マガダ国と釈迦族とで、コーサラをはさみ討ちにしようというのです。ビンビサーラ王としては、非常に賢明なことを考えたわけです。ただ、釈尊はそれを拒否した。

象軍――世界最強の軍隊

それから「象の群れを先頭とする軍隊」という言葉ですが、これも日本の軍記物などでは、全然出てこないものですね。『平家物語』などでは象軍というのは、もちろん出てきませんから。

インドの軍隊は四部編成です。歩兵と騎兵と戦車兵と象軍です。歩兵と騎兵は他の国にもあります。それから、かなり古くから戦車を使っていました。戦車を使う技術でマガダは、他国よりも進んでいたのです。おそらくエージェントを西北インド、今でいうと北パキスタンですが、そこのタキシラあたりに送って新しい技術を導き入れたのでしょう。象軍はインド以外の国にはありません。シナにもなかったでしょう。これはインド独特なのです。

アレキサンダーの軍隊が破竹の勢いでイランからパキスタンへ入ってきた。そしてその土地の軍隊とやりあった。マケドニアの兵隊は、それは強かったのです。ただガンジス河まで進もうと思ったら、部下の将兵がもういやだといったのです。こんな遠くまでやってきて、ガンジス河のあたりでは大軍が待ちかまえている。しかも象軍がいるというので怖れをなした。そのうえマケドニアの兵隊は、インド独特の雨に悩まされたそうです。雨季には猛烈に降りますから。これはマケドニアにはないそうです。ギリシアにはあまり水がないそうですね。風土が全然違うのです。

象軍を使うというのはインドの兵法書に出ています。インドにも兵法の書物があるのです。『ダヌル・ヴェーダ』といいます。「ダヌス」は弓です。それの学問が『ダヌル・

ヴェーダ』です。その中でいろいろな軍隊の使い方が述べられていますが、象軍の使い方も規定されています。先頭に立って象をけしかけるのですね。ただでは象もいきりたたないから、戦争の前にうんとお酒を飲ませるのだそうです。そしてお尻を打ってやると、象がわっと進んで行って、敵軍を踏みつぶしてしまう。これをやられてマケドニアの軍隊はすっかり面食らったのです。ただ象軍を使うときには用心しないといけない。象は、言ってしまえばもう狂っているわけでしょう。だから下手をすると味方を踏みつけてしまうのです。

そこでアレキサンダーは一度引きあげます。しかし部下の将兵たちがそこに残っていた。そこへシリアの王さまのセレウコスという人がまた進入してきた。アレキサンダーは失敗したけれども、おれは全インドを征服してみせるとやってきたのです。そして象軍とやりあって、これは大変だというので仲直りをする。シリアの王さまはインダス河から西の方は、全部インドの王さまのチャンドラグプタにやってしまったのです。今日でいうと、パキスタンとアフガニスタンとイランのあたりまで、気前よくやってしまったのです。のみならず、自分の王女をチャンドラグプタの宮廷に送って、お妃にする。

その代償に、講和条件としてシリアの王さまセレウコスが何を受け取ったかというと、何と象五百頭もらっただけだというのです。現代の感覚ではずいぶん損な取引のように感じられますが、これは当時では最強の武器なのですね。それで象五百頭を戦場に運んでエジプトで使ってみたら大勝利を博した。今度は西のほうにインパクトが及ぶわけです。それでハンニバルが第二ポエニ戦争の時に、アルプスを越えてローマになだれ込む、そのときに象軍を使っているのです。今日でも同じですね。ある国が原子爆弾という兵器を開発すると、他の国がすぐまねをして作って使おうとするではないですか。波及効果は非常に速いのですね。

やはり世界史はグローバルに見る必要があるのではないでしょうか。日本の学界は今でも日本史、東洋史、西洋史などと分けてやっていますが、別々に見たら、暗記するのには便利かもしれませんが、やはり人類の動きを知るには広く見ることが必要だと思います。

タコツボ型というのは困ったものです。私が中学生の頃にも、西洋史、東洋史、日本史と分かれていました。ただ中学のときの先生が当時としては考え方の進んだ方で、中世以後は世界史として教えていました。それは見方を非常に広くしてくださったという点で感謝しています。

今でもだめなのが大学です。さかいの堀を深く掘って、寄らば斬るぞという、中世さながらです。まず大学自体が学問的に改革されなければいけません。すでにこんな古い時代に、インドの象軍の存在がグローバルな波及効果をもっていたのです。

釈尊とビンビサーラ王に話を戻しましょう。ビンビサーラ王のこの文句は、事実に近いのではないかと思います。やはりその時代でも象軍を使っていたのでしょう。象を持つことは、王さまでなければゆるされなかった。庶民は持ってはいけなかったのです。

二　道を求めて

二人の仙人――アーラーラ・カーラーマとウッダカ・ラーマプッタ

ところでビンビサーラ王の申し出に対して釈尊は、自分はそういうことに欲望はない、関心はないのだ、自分は精神界の指導者として進みたい、そう答えた。最初は指導者になろうなどと思わなかったでしょうね。自分自身のことを真剣に追求しようと思った。だから軍事援助、経済援助の話を持ち出されても、少しもなびかなかったのです。

ただ、当時もっとも文明の進んでいた王舎城に釈尊が姿を現わしたということは、何か新しいものを求める気持ちがあったからだと思います。思想的にも文化的にも、最新のものがそこにあったのでしょう。そして遍歴のなかで、いく人かの聖者を訪ねた。そのことが仏伝にいろいろ出ています。

まずアーラーラ仙人を訪ねた。くわしくいうとアーラーラ・カーラーマです。それからウッダカ・ラーマプッタ。「ラーマ」は昔の英雄の名前で、「プッタ」は「息子」という意味です。この二人の仙人を訪ねる。どちらも出家修行者で、瞑想にふけり、平安の境地を求めていた。多くの伝説の伝えるところによると、仏伝によって必ずしも説が一致しませんが、アーラーラ・カーラーマは「無《む》所有処定《しょうしょじょう》」を修行していた。これに対してウッダカ・ラーマプッタは「非《ひ》想非《そうひ》非想処定《ひそうしょじょう》」を実践していたといいます。「無所有」は「何もない」という意味です。心を静めて何らこだわるところがない、何ものも持っていないという境地、そういう境地を考えて、それを実現しようと実践していた。それがアーラーラ・カーラーマ。それからウッダカ仙人は「非想非非想処定」、つまり何かを心の中に想っているのでもなく、また想っていないのでもないという境地を体得し、実践していた。

後世になって仏教思想が発展してくると、三界《さんがい》説という理論が出てきます。世界を欲界《よくかい》、色《しき》界、無《む》色《しき》界の三つに分けるのですが、その三界のうちでいちばん下の方にあるとされる無色界は、色も形もない世界です。この無色界の中でも、さらにいくつかの段階を分けます。その最高の二つが、非想非非想処と無所有処だということになっています。二人の仙人にこういう術語が当てはめられているのは、後代になってこの体系ができたあとで、二人に結びつけられたのだと思います。釈尊の立場はそれを超えたところにある、といいたいのですね。

『スッタニパータ』の終わりの方を見ると、無所有処に関する説明と似た内容を、釈尊がある人々に説いたことになっている。また他のパッセージによると、非想非非想処に相当するような説明を釈尊がなされたということになっている。

これは私の推定ですが、初期の仏教者は自分の修養につとめて、こういう境地を心の中に実現したいと考えて、だんだんいろいろなことを実行する。最後に無所有ということを心に念じた人もいる。さらに非想非非想ということを念じていた人もいる。それが初期の『スッタニパータ』などに反映しているのです。ところが思想がさらに発展すると、それをも超えた境地があるだろうというふうに展開していったのだと思います。

それから、無所有処、非想非非想処というのは、最初は禅定《ぜんじょう》の境地なのです。ところが後になると、単に禅定の際の心の境涯であるのみならず、そういう場所があると思うようになった。これもやはり思想の発展であると思われます。

いろいろな仏伝の中に、この二人の仙人、修行者のことが出ていますが、説明は必ずしも一致しない。ただ、こういう仙人を釈尊が訪ねたことだけは事実でしょうね。その二人に後代の学者が、思想をいろいろとかこつけたのです。

ウッダカは、あるときには「見つつ見ず」というような表現をした。何か禅問答みたいですね。ブッダゴーサの注釈によると、彼は詭弁的な表現を振りまわして、人々を驚かせ、誰もその意味を了解することができなかったといいます。まるで今の哲学者みたいです。その意味を尋ねると、この言葉の意味は深遠であって、腹ぐあいのよいときでないと答えられないと返事した。パーリ語の注釈にそう出ているのです。

麻か魔か——漢字の面白さ

釈尊はその二人の説に満足できなくて、自分で修行を行なった。それが苦行として伝えられています。『スッタニパータ』によると、苦行の途中で悪魔の誘惑があったことになっています。その悪魔の誘惑を釈尊は斥けた。これを「降魔《ごうま》」といいます。悪魔のことを、もとの言葉で「マーラ」といいます。「マーラ」というのは「殺す者」という意味です。精神的に殺すことも含めていうのでしょうね。「マーラ」の「マー」のところを写して、「魔」という字をシナ人が作ったのです。古い漢字にはありません。「マ」だから「麻」だけでもいいのですが、けれどもそれでは感じがでない。「鬼」の字をつけると怖いという印象を与える。シナ人が作った漢字です。

シナ人はいろいろインドの言葉を音写しました。音を写して漢字を当てるのですが、そのときに単に音を写すだけでなく、何か意味を伝えるような漢字を作っています。

他の例でいうと、「塔」という字がありますね。これはサンスクリット語では「ストゥーパ」といいます。インドの俗語では「トゥーパ」となる。そして中央アジアの言語では最後のa音が脱落して「トゥプ」となる。「塔」という字を『大漢和辞典』などで引いてごらんなさい。「たふ」となっていませんか。「ふ」は昔の日本人は「ぷ」と発音していた。だから「たぷ」です。

今の私たちはhみたいな発音をしますが、昔はpです。今日でも出雲の奥などに行きますと、神代ながらの発音が残っています。「はひふへほ」といわないで、「ふぁふぃふぅふぇふぉ」というのです。非常にpに近いですね。平安時代の発音と今の発音とは全然違います。私は『源氏物語』をその当時の平安時代の発音で読んでいるレコードを聞いたことがありますが、全然わかりません。

古い発音が「トゥプ」だったとすると、『大漢和辞典』に出ている発音は正しいわけです。すると「トゥプ」という発音にどんな文字を当ててもいいわけでしょう。けれどもやはり「ストゥーパ」というのは土饅頭だから、土が合わさって上に草がむしているという連想がある。すると「塔」という字は非常に合っていますね。この字を作った人々はインドのストゥーパを知っていたのだと思います。だから土を合わせると考えた。

ところが日本へ来ると、ストゥーパというのは日本人は見たことがないから、どういうものかわからない。だから、第一回目のときにもいいましたが、『玄奘三蔵絵』などでは、玄奘が塔を拝んだというところの絵で、大きい柱のようなものを描いています。日本人は実物を知らなかったから、こうなってしまうのです。しかし「塔」という字を作ったシナ人は知っていたと思います。というのは、中央アジアにはストゥーパが多数ありましたから、見た人がいただろうと思うからです。話が脱線しましたが、つまり漢字は意味を持っているのです。

悪魔の誘惑

悪魔は「マーラ」といいますが、「マーラ」というのはある時期以後使われるので、『スッタニパータ』のような古い典籍では、これが「ナムチ」として出てきます。ナムチというのは、『リグ・ヴェーダ』や叙事詩『マハーバーラタ』などに出てくる悪魔です。こちらの方が古いのです。そういう悪魔の古い名称が、仏典の中でも古いものには出てきます。しかし後にはインドでも「ナムチ」という名称はあまりいわなくなります。仏典ではもっぱら「マーラ」という言葉を使います。

釈尊が修行をしていたところはネーランジャラー河のほとりです。パーリ語で「ネーランジャラー」、音を写して尼連禅河《にれんぜんが》といいます。

「ネーランジャラー河のほとりにあって、安穏を得るために、つとめはげみ専心し、努力して瞑想していた私に……」

これは『スッタニパータ』の中の文句です。尼連禅河というのは、岸辺がきれいで、ことに西江さんがお撮りになったフィルムでは、水が流れ動いているところを出しています。水がないときもあるので、ちょうどいい時期に撮られたと思います。とてもいいところです。そこでお釈迦さまはじっと静かに瞑想しておられた。

そこへ悪魔、ナムチがいたわりの言葉を発しつつ、近づいてきた。

「あなたは痩せていて、顔色も悪い。あなたの死が近づいてきた。あなたが生きながらえる見込みは、千に一つの割合だ。君よ、生きよ。生きたほうがよい。命があってこそ、諸々の善行をなすこともできるのだ」

命あってのものだね、ということをいったのですね。

「あなたがヴェーダ学生としての清らかな行ないをなし、神聖な火に供物を捧げてこそ、多くの功徳を積むことができる。苦行につとめはげんだところで、何になろう。つとめはげむ道は、行き難く、行ない難く、達し難い」

バラモン教では火を焚いて、それに供物を捧げます。火が供物を焼くわけです。その火の煙が天の世界に供物を運んでいく。それによって功徳を積むことができるといいます。これはバラモン教のヴェーダ以来のしきたりです。これがずっと後代の密教の時代に仏教に入って、成田山とか真言宗の寺で見られる、護摩《ごま》を焚くという儀式になります。

護摩というのはサンスクリットの「ホーマ」という言葉の音を写したのです。火の中に捧げること、また捧げる儀式をホーマといいます。これも意味をとって訳しにくいので、漢訳仏典では音を写して「護摩」といいます。それで護摩を焚くということが今日でも行なわれている。ただ真言密教の場合は仏教的な変容がなされています。つまり仏教的に解釈を変えて、火によってわれわれの煩悩の穢れを焼くのだということになっています。それに当然のことですが、真言密教では動物の犠牲、生き物を殺してそれを供えるということはしません。

けれども、今ここに出てくるのは、仏教以前のヴェーダの祭りです。そのほうが功徳が得られると、悪魔は釈尊にいったのです。それにたいして釈尊は次のように答えました。

「怠け者の親族よ、悪しき者よ。汝は世間の善業を求めてここに来たか。私には世間の善業を求める必要は微塵もない」

世間では祭祀を行なえば功徳を積めるというが、私はそんなものを求めるつもりは全然ない。

「悪魔は善業の功徳を求める人にこそ語るがよい。私には信仰があり、努力があり、また知慧がある。このように専心している私に、汝はどうして生命を保つことを尋ねるのか。

はげみから起こるこの風は、河水の流れをも涸らすであろう。ひたすら専心しているわが身の血がどうして涸渇しないであろうか。身体の血が涸れたならば、胆汁も痰も涸れるであろう。肉がなくなると、心はますます澄んでくる。わが念いと知慧と禅定とはますます安立するにいたる。

私はこのように安住し、最大の苦痛を受けているのであるから、わが心は諸々の欲望をかえりみることがない。見よ、心身の清らかなことを。

汝の第一の軍隊は欲望であり、第二の軍隊は嫌悪であり、第三の軍隊は飢渇であり、第四の軍隊は妄執であるといわれる。汝の第五の軍隊はものうさ、睡眠であり、第六の軍隊は恐怖であるといわれる。汝の第七の軍隊は疑惑であり、汝の第八の軍隊は見せかけと強情とである。

誤って得られた利得と名声と尊敬と名誉と、また自分をほめたたえて他人を軽蔑することとは、ナムチよ、これらは汝の軍隊である。黒き魔の攻撃軍である」

悪魔は黒いものと考えられていたのです。

「勇者ならざる者は、彼に打ち勝つことができない。勇者は打ち勝って楽しみを得る。この私がムンジャ草を口にくわえるだろうか」

ムンジャ草を口にくわえるのは降伏の印だというのですね。敵に降参しない、悪魔に降伏しないという意味です。

「この世における生は、いとわしいかな。私は敗れて生きるよりは、戦って死ぬほうがましだ。ある修行者、バラモンどもは、この汝の軍隊のうちに沈没してしまったと見える。そうして徳行ある人々の行くべき道をも知っていない。

軍勢が四方を包囲し、悪魔が象に乗ったのを見たから、私は立ち迎えて彼らと戦おう。私をこの場所から退けることなかれ。神々も世間の人々も汝の軍勢を破りえないが、私は汝の軍勢を、知慧をもって破る。あたかも焼いていない生《なま》の粘土の鉢を水をもって砕くように。

自ら思惟を制し、よく念いを確立し、国から国へと遍歴しよう。教えを聞く人々を広く導きながら。かれらはわが教えを実行しつつ、怠ることなく、専心している。そこに行けば、憂うることのない、欲望のない境地に、かれらはおもむくであろう」

悪魔はいいました。

「われは七年間も世尊に一歩一歩ごとにつきまとっていた。しかもよく気をつけている正覚者には、つけこむ隙をみつけることができなかった」

多くの伝承では、お釈迦さまは六年間苦行をしたことになっていますが、ここでは七年となっています。これは数え方にもよるのでしょう。

「烏が脂肪の色をした岩石の周囲をめぐって、ここで柔らかいものが得られるだろうか、味のよいものがあるだろうかと考えながら、飛び回ったようなものである。そこに美味を見いだしえないで、烏はそこを飛び去った。岩石に近づいたその烏のように、われらは厭うて、ゴータマ・ブッダを捨て去る。

憂いにうちしおれた悪魔の脇から琵琶がぱたっと落ちた。ついで、かの夜叉《やしゃ》は意気消沈してそこから消え失せた」

つとめはげむ道

これがおそらく釈尊に対する悪魔の誘惑を述べた最古の文献だろうと思います。

バラモン教の方では、第一に「健康を保って身を全うせよ」といいます。それからヴェーダの学生としての務めを果たす。次に家長として神聖な火に供物を捧げる。そして祭りを行なう。それによって多くの功徳を積むというのがバラモン教のしきたりです。ところが釈尊はこういう生活法を拒否した。釈尊、ゴータマが実践していたのは、「つとめはげむ道」といっていますが、自己を制することに、つとめはげんだ。

ただ、それによってさとりを得たとか、そういうことは書いていないのです。するとこれはどういう意味に解したらいいのか。つまり自らを修養して、つとめはげむ。そのうちにさとりがある、そういうことになるだろうと思います。だから自分が自己を調《ととの》えている、悪魔を寄せつけない、そこにさとりがある、そういう解釈になると思います。

これが後世になると、やはり修行してさとりを得たということになってきます。私がいまここで述べた解釈は、後代の仏教でいうと「発心即究竟《ほっしんそくくきょう》」といいます。心をおこしてつとめ進む、その中に究極の境地がある。つまりさとりがある。修行し修養してさとりを開いて、それから何かをしようと思っても、いつまでたってもさとりの境地は得られないわけです。人間が生きている間は、必ず何か問題がある。しじゅうそれに直面しながら、自分として最善の努力をし、つとめはげむ。その中にさとりがある。だから発心と修行は一体である。つとめはげむ中に、さとりがある。そういうふうに解釈できるのではないかと思います。

悪魔の誘惑の話は、その後どんどん発展します。釈尊のさとりを讃えるためには、いろんな悪魔が出てきて誘惑したという方が都合がいいのでしょう。『四分律《しぶんりつ》』という戒律の本がありますが、その中で釈尊の修行を述べているところには、悪魔が誘惑したという話は出てこない。ただそこでは、女人が釈尊を誘惑したということが、非常に現実的に述べられています。四人の女人がいたと書いてあります。彼女らはみな釈尊に心をつないでい

降魔成道（ホードガヤー考古博物館蔵）

たとなっています。後になると伝説が発展して、女人の誘惑もあれば、また恐ろしい顔をした悪魔が脅迫めいたことを言って、おどし、こわがらせる、そういう話も出てきます。

このように、降魔《ごうま》の伝説はいろいろな仏典に出てくるし、また悪魔の姿もいろいろな仏教美術の中で表現されていますが、おもしろいのはスリランカにあるダンブラという洞窟のものです。これはアジャンターの壁画に匹敵するものです。インドの壁画でいちばん大がかりなものはアジャンターで、スリランカではダンブラです。そこへ大僧正さまに連れて行っていただいたことがあります。見ると、悪魔がいろんなかっこうで描かれているのです。恐ろしい、脅迫するような姿をしているものもあるし、女人の姿もある。おもしろいことに、ある悪魔は、銃を持って立っているのです。これはポルトガル人がスリランカに来た後に描かれたものなのです。現在もまだ残っています。保存状態はわりあい良好です。アジャンターの壁画は千数百年前のものですが、ダンブラの方は新しいのです。大僧正さまがおっしゃっていました。私は何度もここに来たけれど、銃を持った悪魔は初めて見つけたよ、と。

苦行

つづいて苦行を考えてみましょう。ふつうの仏典では、釈尊はさとりを開かれる前に苦行をして、その結果、苦行ではだめだということで、ブッダガヤーで瞑想にふけったということになっています。ただし、先ほどご紹介した『スッタニパータ』の古い仏伝は、説き方が少し違います。違ったものをご紹介したほうが、おもしろいだろうと思い紹介しました。

ふつうの仏伝によると、釈尊は二十九歳で出家して、山林にこもって六年間苦行をしたことになっています。六年とする仏伝が圧倒的におおいですね。

苦行をしている姿としては、ご存じの方が多いと思いますが、ラホールの博物館にある、ガンダーラ美術の苦行像、それが典型的です（一一九ページ参照）。あの像に似たものが他にも最近発見されています。けれども、ラホール博物館の苦行像のほうが完璧です。これは二世紀後半のものです。目玉の穴が髑髏のように大きく落ちくぼんで、胸は痩せさらばえて、骨が浮き出ていて、血管の走っているのが、気味が悪いほどはっきり見える。腹部は空洞のようにへこんでいます。日本で展示されたときに、それがはっきりわかりました。ラホールの博物館では、窪みのようなところに入れて安置しているので、横からは見えません。だから苦行像のおなかがどのくらいへこんでいるのかわかりませんが、日本ではホールの真ん中に出してくれたので、横からも見ることができました。あれはたいへんありがたかったと思います。

これはヘレニズムに由来する、冷徹な写実主義、リアリズムです。西洋の芸術のほうが、昔はリアリスティックでした。インドの方は何となくぬーぼーとしていて、ほんのりとしていた。ただ、リアリズムといっても、医学にくわしい人にいわせると、肋骨の数が違うとかいっていました。

苦行というのは、近年にいたるまで行なわれています。インドの苦行は有名で、アレクサンダー大王もびっくりしています。アレクサンダーの遠征を記録した『アナバシス』という書物があります。そのラテン語訳もありますが、その中で、インドの修行者がものすごい苦行をしている、ということを記しています。ギリシア人は、それほどひどい苦行を行なわなかった。苦行をする人は、私も見たことがありますが、ひどいのはあまり見たことがありません。スパイクの針みたいなものを立てて、その上に寝るというのがあるそうですが、これはすごいですね。寝ていると針のようなものが食い入って、血が出る。それを辛抱するのです。私の先輩の方がそういうのを見たといっておられました。

苦行の釈尊像（ラホール博物館蔵）

これに近い苦行をベナレスで見ました。いばらだの薪だのが積んである中に、死骸が土色をして横たわっている。これは茶毘《だび》に付すのかなと思って、どきっとしました。ところが、よく見ていたら、その死骸がぴくぴくと動く。その胸の上にお賽銭が置いてあるのです。すると案内してくれた人が、こういう行者はまだいるが、彼らはインチキだというのです。商売でやっている。私が最初にみたのは一九五二年でした。それ以後もベナレスにときどき行きますが、最近ではそういう行者を見ません。現地の人に聞いてみると、以前にはいたが、この頃はもうはやらなくなったんだといっていました。

それから、お釈迦さまが亡くなったクシーナガルというところに行ったとき、私は見そこなったのですが、私の友人は実際に見たといいます。十数年間寝たことがない、立ったままの行者がいるのです。昔の仏典などを見ると、立ったままの行者がよく出てくる。そういう人が実際にいるのですね。友人はその写真を撮ってきました。私もクシーナガルでもう少し時間の余裕があったら、その行者さんがどこにいるのか聞いて、写真を撮ってきたかったのですが、残念ながらできませんでした。

苦行と似たようなことは、仏教へも知らず知らずのうちに入ってきています。仏教は中《ちゅう》道《どう》で、苦行をするのでもなく、快楽にふけるのでもないという立場なのですが、それでもやはり宗教行者となると、わが身をしいたげ、肉体に挑戦するということをやってみたくなるのでしょうね。オリンピックと同じようなメンタリティです。だから日本でも回峰《かいほう》行《ぎょう》というのがあるでしょう。あれも命がけだそうです。しかし、あれは厳密な意味で言うと仏教の教えに即しているとはいえないと思うのですが……。やはり行者さんの中には、そういう方が出てくるのでしょうね。

立ったままというわけではないのですが、横になって寝たことのないお坊さんというのに会いました。台湾のお寺にいらっしゃる方です。このお坊さんは、横になって寝たことがないというのです。それじゃ、眠るときにはどうしているのかと聞いてみました。すると、洋服などを入れて立てかけておく、布などでまわりが囲んである簡単な洋服だんすのようなもの、ファンシーケースがありますね。あんなようなものの中でそのお坊さんは坐禅を組んで、それで眠られるのだそうです。だからベッドなどで寝たことがない。部屋の中を見ても寝具らしきものはないのです。私と一緒に行った人が、あのお坊さんはあんなことをいっているけれど、どこかでこっそり横になって寝ているのではないかといっていましたが、それらしきものは見当たりませんでした。

昔の禅宗のお坊さんの逸話に、坐禅を組んだまま亡くなったという話がよくありますね。

それで、その台湾のお坊さんのことを禅宗のある偉いお坊さんにお話ししましたら、わしはそんなことはちっとも偉いとは思わんよとおっしゃるのです。禅宗では、摂心《せっしん》といって、何日間かぶっ通しでひたすら坐禅をし続ける修行がありますが、摂心のときは眠らないというのです。だから、横になって寝ないというだけでは偉いとは思わない、とその禅宗のお坊さんはいわれました。

最近ではインドでも苦行者というのはだんだん減っていると思います。ヨーガ行者はいます。けれどもヨーガは厳密な意味では苦行とはいえません。文明が進むとだんだん昔のような苦行をする人は少なくなるようです。では、将来近代化がもっと進むと苦行はまったくなくなってしまうかというと、必ずしもそうとはいえないと思います。人間の知慧がどう進もうと、やはり義務を遂行するための苦行的要素は、なくなることはないのではないかと思うのです。

ではどこからを苦行といい、どこまでが苦行でないかとなると、絶対的な基準は外面的にはないと思います。人それぞれの生活の場において、ここまではいちおう順当であり、ここから先に踏み出ると行き過ぎであると、その場合場合に応じて、考えないといけないことだと思います。

三　真理をさとる

成道

釈尊は苦行を行なったために、身体は痩せ衰えて、色は灰のようになった。それでも最高の認識を得ることができなかった。そこでついに、苦行は真実の道ではないということをさとって、村の乙女の捧げた乳粥を食べ、河で身を洗い清め、苦行を捨ててしまった、と伝えられています。インドでは河で水浴する風習があるのです。

仏教の伝承では、十二月八日がお釈迦さまの成道《じょうどう》の日ということになっていますが、これは今の太陽暦の十二月八日のことではないと思います。その証拠に、その頃には尼連禅《にれんぜん》河《が》に水はほとんどないのです。だからそこで水浴をして身を清めるというわけにはいかないと思います。乙女の捧げた乳粥を召し上がったというのは、これは事実かもしれません。インドでは昔から乳粥をよく食べるのです。そして子どもは牛乳を飲めといわれています。

釈尊に乳粥を捧げた娘さんの名前は、スジャーターといいます。「ス」というのは「良い」、「ジャータ」は「生まれた」という意味だから、「良く生まれた」「生まれ育ちのいい」というような意味の名前です。多くの伝説ではスジャーターという名の娘さん一人ということになっていますが、ときには幾人かの娘さんたちが乳粥を捧げたという伝説もあります。ブッダガヤーの近くには、ここがスジャーターの住んでいた村であるとか、ここがスジャーターの家があったところだとか、そういわれている場所がいろいろあります。何にもとづいていっているのかわかりませんが、楽しい空想をめぐらすのも、ロマンティックでいいでしょう。

そこで釈尊は元気を回復して、苦行をやめて、ブッダガヤーの菩提樹のもとでさとりを開いた、といわれています。ブッダガヤーというのはガヤーに対する言葉です。ガヤーは、古来ヒンドゥー教の霊場です。信徒が参詣して、ある時期に十五日間祖先に供物を捧げる儀式を行なう。ガヤーの人口は三十万人ほどですが、お祭りのときには、九十万人もの人が集まるそうです。その神聖な霊場ガヤーの近くにあって、釈尊がさとりを開かれたところだから、「ガヤー」の前に「ブッダ」をつけて「ブッダガヤー」と名づけたのです。

ガヤーは昔から神聖な霊場になっていますから、四角い浴池、水浴するための池があります。今日でもなおヒンドゥー教徒はそこで水浴を行なっています。それに対して仏典では、そんなことをやっても功徳はない、それよりも、本当の人間としての道を歩むべきである、そういうことを教えています。

ブッダガヤーの菩提樹のもとで、釈尊はさとりを開かれた。その菩提樹というのは、もとの言葉でアシヴァッタといいます。ときには「無花果」と訳されることもあります。この木のもとで釈尊が瞑想されたということには、深い意味があります。インドでは古来、この木は非常に尊崇されています。『アタルヴァ・ヴェーダ』では、この木は「神々の住まいであって、不死を見るところである」といわれています。その他、ウパニシャッドなどの聖典では、この木は不思議な霊樹であると述べられています。

そういう信仰があったから、釈尊はこの木のもとで瞑想にふけられた。そこでさとりを開いたので、菩提樹というのですね。「菩提」というのはサンスクリットの「ボーディ」の音を写したもので、「さとり」の意味です。

成道の地ブッダガヤー

現在でもブッダガヤーには菩提樹があります。ただ、お釈迦さまの時の菩提樹は、枯れてしまったり、悪い王さまがいて切ってしまったりしたので、現在残っているのは、その後に生えたもので、お釈迦さまがさとりを開いた最初のときから数えて、何代目かのものののはずです。

菩提樹のうしろに高い塔があって、皆さま写真でごらんになったことがあるでしょうが、これはグプタ王朝時代にできたものです。法顕三蔵《ほっけんさんぞう》は言及していないが、玄奘三蔵はくわしく述べていますので、その間に作られたものだろうといわれています。これは塔とはいっても、精舎《しょうじゃ》の一種です。お坊さんがここに寝泊まりして修行をする。その前に菩提樹がある。その前を石垣で囲っていて、法輪がある。そのうしろにくぼみ、つまりお寺の壁面のくぼみがあって、そこに仏像がずらっと安置されているのです。この石垣の囲いはそれほど古いものではないかもしれませんが、このまわりにいくつも囲いがあります。

これについては、マウリヤ王朝時代、つまりアショーカ王からほど遠からぬ時代に、この石垣が作られたということが碑文によってわかっています。どこの村の誰それが寄進したということが書いてあって、その書体を見ると非常に古いものです。だいたい西暦紀元前二世紀から三世紀ころのものだろう、といわれています。

私がブッダガヤーに最初に行ったのは、一九五二年のことです。まだ進駐軍が日本にいたころです。やっとサンフランシスコ条約が締結されたというころで、外国へ行くなんてなかなかできない時代でした。この機会を逸してはと思って、カリフォルニアから、はる

ブッダガヤーの大精舎

ばるヨーロッパ経由でインドへ行き、ブッダガヤーへたどりついたのです。ここで釈尊がさとりを開かれたのかと思うと、少しでも長くいたいと思ったものでした。今から四十年も前のことです。

その後、インド政府が管理委員会を作って、ヒンドゥーの代表と仏教徒の代表とから、同じ人数の委員を選んで管理することになりました。それからよくなりましたね。今ではもうずいぶん管理が行き届いています。

ブッダガヤーはお釈迦さまの霊場なのですが、近代にはヒンドゥー教の霊場ということになっていたのです。それで、マハンタと呼ばれるバラモンがいて、その人が管理していました。みんながそこにお参りに来るのです。

垣根の内側に、金剛座といって、そこにお釈迦さまが坐って、さとりを開かれたという場所があります。この精舎は後代にもいろいろ修理されて、とくにミャンマーの仏教徒が手を加えていますが、最近ここに日本寺が建ちました。一九七三年の十二月です。わりあいに衛生設備もいいので、皆さまがいらっしゃっても、泊まるのに不自由はありません。けれども、これは遅かったですね。中国人の寺は前からありました。それからミャンマーの寺院がありました。それにスリランカのマハーボーディ・ソサエティの宿舎がありました。日本寺ができたのは、そういうものが全部できた後です。

中華大覚寺といいましたが、中国人のお寺は、もう四十数年前に建っていました。私がそこへお参りに行ったら、尼さんがいらして、お茶をもてなしてくださいました。あんなところで中国人の尼さんは寂しくないのかと思いましたが、ほんとうに信仰の力というものを見せつけられました。

日本寺の建立にあたっては、浄土宗の祐天寺の巌谷勝雄上人とか、総持寺の貫主の岩本勝俊禅師などが動かれました。私もそこに泊めていただいたことがあります。

日本寺の中に、このお寺はこういうふうにして建てられましたという縁起が、サンスクリット語で銅板に書かれています。それに私の名前が出ているのです。なかなか自信もないものですから、苦労して書きました。ちょうどいいことに、当時のインド大使館の参事官がバラモンの出身でサンスクリット語がペラペラだったので、どういう表現がいいか、こういえばいいだろうと、いろいろ相談して書きました。だから合作ですね。

その参事官の方は南インドのアンドラ州の出身ですが、バラモンの作法を心得ていました。バラモンどうしが出会ったときには、仁義をきるのですね。それがちょうど日本の俠客の仁義にそっくりなのです。自分の出生、姓、カースト、父の名、そういうことを全部いいます。

私はインドである方から、『リグ・ヴェーダ』のテキストをいただいたことがあります。その時、それをくださったインド人、この方もバラモンですが、私にテキストをくださるのに、ふつうだったらプロフェッサー・ナカムラに差し上げると献呈の辞を書くところですが、そうではないのです。おまえさんのお父さんの名前は何というのかと聞くのです。それから、おまえさんの先生の名前は何というのかと聞くのですね。先生といっても、私が教えを受けた先生は幾人もいらっしゃるのですが、一番専門的にお世話になった宇井伯寿先生の名前を出しました。私の父の名は喜代治《きよじ》といいます。そこでそのインド人の方は、「喜代治の息子であり、宇井伯寿先生の弟子であるところのハジメ・ナカムラにこの本を敬意をもって進呈する」とサンスクリット語で書いたのです。そこまで書かないと、古来の礼法に合わない。さっきの仁義をきるのと同じです。

釈尊は何をさとったか

さて、釈尊がブッダガヤーで何をさとったかということですが、これは仏典によって、いわれていることがみな違うのです。十二因縁《いんねん》によって真理をさとったということが、よく書物に書かれていますが、よく原典を読んでみると、さとった後で、十二因縁の道理に気づいたということになっています。十二因縁の教えというのは、何といっても新しいのです。『スッタニパータ』の中には、十二因縁の原型になるような、もっとシンプルな、簡単なかたちの縁起《えんぎ》説が説かれています。だから十二因縁というのは、ある時期にきちっとした体系が成り立った、その時期のものだと思います。

それから若干の叙述によると、過去世を見通したということも書いてあります。これもさとった結果、過去世を見通したのです。過去世を見通したから、さとったのではありません。すると、仏典の記述は一定していないわけですね。

けれども、別に一定していなくても、それでかまわないのだろうと思います。それからどういう結論が得られるのかというと、第一には、仏教そのものが特定の教義をもっていなかったということです。もしそれに背いたら仏教徒ではないというような教義があれば、仏典によって説明が分かれるということはない。つまり、釈尊自身、自分のさとりの内容を形式化して説くことを欲しなかったということです。だから機縁に応じ、相手に応じて、異なった説き方をしたのです。

第二に、特定の教義がないということは、決して無思想ということではありません。そうではなくて、あらかじめ教義を立てることなしに、現実の人間をあるがままに見るという態度があるから、それに則った教えがいろいろ説かれているのです。

それから第三に、人間の理法というのは固定したものではなく、具体的な生きた人間に即して展開するものである、ということができるでしょう。だからこそ、その後の仏教の発展が成り立ったのです。そういうことが結論としていえると思います。

もっともドグマから遠い教え

思い出すままに、話が飛びますが、ここでちょっと触れておきたいことがあります。私は、インドのインディラ・ガンジー首相がお亡くなりになる二週間ほど前に何度かお会いしました。ちょうどその時、「仏教および国民文化に関する第一回国際会議」（"The First International Conference of Buddhism and National Cultures"）というのが開かれていたのです。この会議を開いたことが、ある意味でガンジー首相の最後の仕事になったといってもいいと思います。ガンジーさんがなぜそういうことを思いついたか、インド政府が国費を支出してそのようなことを行なったのはなぜかというと、開会式の中でこういうことをいっていました。

「今の世界は非常に危険な状態にある。文明は進歩したけれども、精神面ではいろいろとちぐはぐなことが起こっている。今度もしも戦争が起きたなら、勝利者もいないし、敗北者もいない。これをどうして防いだらよいか。そのためには高貴なる精神を必要とする。過去の世界の生んだ偉大な精神的指導者の教えに耳を傾けるべきである」

そこでまずブッダ（仏陀）をあげます。それからマハーヴィーラをあげます。これはジャイナ教の開祖です。それから三番目にあげたのがナーナクです。シク教の開祖です。次にマホメット、イエス・キリスト、孔子、老子、こういう人の名をあげました。世界の多くの人々が奉じ、耳を傾けている教えというわけです。

そして、

「こういう人々の教えに耳を傾けるべきであるけれども、とくに仏教はリースト・ドグマティックである」

つまり、仏教は、教義をたてに人を縛ることがもっとも少ない。

「だから私はその精神を明らかにするためにこの会議を開く」

といっていました。

四十一か国の人を招待しました。そのなかには共産圏の国もありました。ソヴィエト・

ロシア、北朝鮮、ポーランド、そういう国からも招待しています。そしていろいろ論議させたのです。昼間は仏教の難しい思想とか美術、あるいはそのほか文化面に関する論議を、知識人、学者が行なう。夜はエンターテインメントです。難しい話ばかりだと疲れてしまうから、アジアの人々の踊りを見せたり、音楽を聞かせたりします。最初が日本の舞楽でした。それが第一日です。ガンジーさんはそれだけを見にきていました。やはり何か打たれるものがあったのでしょう。

政治の面ではサッチャーさんと張り合うような、非常に強い政治を行なった人のようですが、文化人として会っていると、とても人なつっこい、愛想のいい人でした。

ガンジーさんと話をしたとき、いろいろな話にふれましたが、私は「日本はだんだん文化を重んずるようになってきた。それは日本の経済がちょっとよくなったからだ」といったのです。たいへんよくなったともいいにくいですからね。ちょっとよくなった、「ア・ビット・ベター」といったのです。するとガンジーさんは大真面目で、「ノー・ノー・ヴェリー・マッチ」、たいへんよくなったというのですよ。

インドの指導者はヒンドゥーかイスラムで、仏教徒はいないはずなのですが、それがこういうふうに仏教を取り上げているということは、ご報告すべきだと思いましたので、あえてご紹介しました。

第四章　真理を説く

一　説法の決意

樹下の瞑想

さて、釈尊は、さとりを開かれる前もそうでしたが、さとりを開かれた後も、同じ場所で瞑想にふけっておられました。パーリ語の聖典では、さとりを開かれてから七日間、釈尊はアジャパーラというバニヤンの樹の下で瞑想にふけったと、多くの仏伝に記されています。さとりの境地を一人で楽しんでおられた、と伝えられています。

はじめはバニヤンの樹の下で瞑想にふけっていましたが、のちにパーリ語でムチャリンダ（サンスクリット語でムチリンダ）という樹のあるところにおもむいて、そこでまた七日の間、足を組んだまま、解脱《げだつ》の楽しみを受けつつ、坐していたといいます。

その時ムチャリンダ龍王が釈尊の身体のまわりで七重にとぐろを巻いて、釈尊の頭の上を大きなあぎとで覆った。釈尊に寒さがこないように、世尊に暑さがこないように、世尊に、虻、蚊、風、熱、蛇が触れることのないように覆い続けていたと伝えています。昔からインドでは王さまや貴婦人をお付きの人が守って、上に傘をかざしていた。それと同じようにして龍王が釈尊を守ったというのです。そのとき釈尊は出家修行者でしたから、お付きの弟子はいない。そこで龍王が守ったのです。この記述から、すでに当時、龍王の崇拝が行なわれていたことがわかります。

龍のことをナーガといいます。龍王伝説は、インドにおける蛇の崇拝に由来するのです。蛇というものが特別の呪力を持っていると、当時の人々は考えたのです。蛇は恐ろしいから、何か不思議な力を持った存在に思われたのでしょう。

蛇が神格化されて龍になる。それが偉い聖者を守ることがあると考えられていました。だから仏像を見ると、うしろから蛇があぎとを出しているのがあるでしょう。これは南アジアではよく見られる形式の像です。カンボジア、インドネシアにまでたどることができます。これは今いったような観念に由来しているのです。

釈尊がアジャパーラというバニヤンの樹からムチリンダという樹の下に移ったところまでお話ししました。伝記では、釈尊はそれからさらにラージャーヤタナという樹のところに移り、また七日の間ずっと足を組んだまま、解脱の楽しみを受けながら、坐しておられたと書いてあります。

樹木に一つ一つ名前がついているところが、いかにもインド的な発想のひとつの特徴ですね。最近は日本でもそうですが、西洋でも犬をはじめ、動物を大事にするでしょう。するとペットに名前をつけるではありませんか。それと同じように、インドでは樹木がペットのように、独立の人格を持っているものであるかのように考えられているのです。だから樹木に名前があるのですね。

これはインド独特のものではないでしょうか。日本では、樹木にたとえば「誰それさまお手植えの木」とか、そういう立て札が立っていることがあります。しかし名前がついているのは、あまりないのではないでしょうか。動物と違って樹木は静止的ですね。そういう静止しているものに親しみを持つというところに、インド独特の考え方があります。

釈尊は樹木の下で静かに瞑想にふけっておられた。これは昔から行者がやっていることです。日本ではどうでしょうか。いま季節は秋で、外を見ると木の葉が色づいて美しいで

仏塔を守るナーガ（マドラス博物館蔵）

すね。しかし、その下で足を組んで瞑想にふけるということは難しいでしょう。上から葉が落っこちてしまいます。けれどもインドでは常緑樹が多いのです。とくに、バニヤンの樹の下で瞑想にふけられたというのには、意味があるのです。

バニヤンの樹というのは、ずっと横に広がるのですね。そして枝が下の方に伸びてきます。枝が地面に着くと、そこに根をおろす。枝が根のかわりをして、地面から水分を吸収するのです。だから、どこまでも横に広がります。

世界でいちばん大きな樹木をみなさんご存じでしょうか。カルカッタの植物園にあります。私の知人にソフトというインドのお医者さんで仏教徒の方がいます。その息子さんのお嫁さんは日本人なのですが、そのソフト博士が私に、ぜひその樹を見ろというのです。それで私は見に行きました。

植物園は少し離れたところにあったのですが、朝早く行こうとおっしゃるので、私も早起きして連れて行ってもらいました。驚きましたね。一本の樹ですが、遠くから見ると森のように見えるのです。われわれの乗ってきた自動車などちっぽけなものです。周囲がなんと二マイルもある。

一本の樹から何本もの枝が下に伸びて地面に着いて、根のようになって水分を吸収するのですが、その地面におりた枝が九百数十本もある。樹齢は二百数十年だそうです。まだ残っているはずですから、もし皆さんがカルカッタにお出かけになる機会があれば、ぜひ行ってごらんなさい。とにかく大きいのです。

こんな大きな樹木は、なにしろ世界第一で、他に類例がないのですが、しかし大きなバニヤンの樹はインドならいたるところにあります。その樹の下は、涼しくて気持ちがいいのですね。そういうおおいがないとインドは暑くてたまらない。だから日光の直射を避けるために、釈尊が樹の下で静かに瞑想にふけっておられたというのは理解できることなのです。ブッダガヤーのあたりには大きな山もないし、洞窟もない。どうしても樹木の下で涼をとるということになります。

鉢と布施

釈尊が静かに瞑想しておられたときに、二人の商人がたまたまそこを通りかかりました。タプッサとバッディヤという二人の商人です。聖者さまがひとり瞑想にふけっておられるというので、この二人の商人はお釈迦さまに蜜の菓子を布施《ふせ》しました。蜜の団子と書いてあります。麦団子に蜜を塗ったようなものでしょう。それを釈尊にさしあげた。「どうかこれをお受け取りください。お受けくださることによって、われらが長く利益をこうむり、安楽になりえますように」、ということを願ったのです。

そこで世尊はこう思われた。修行を完成した方々は、布施を直接手では受けられないものである。私はいったい何でもって麦団子や蜜菓子を受けようかと。するとそのとき四天王が釈尊の心の中の思いを心によって知って、地表から四つの石の鉢を世尊に献じた。「尊いお方さま、どうかこの石の鉢によって蜜菓子や麦団子をお受けください」と。そこで釈尊は石の鉢を受けて、その鉢で蜜菓子と麦団子を受けとられて、それを召し上がった。

この伝説が何を意味するか。私の想像ですが、昔は修行者というのは、人から施された食物で生活していました。手で食べ物を受けていたのです。ところが仏教の修行僧はそれをやめて、鉢で受けることにした。その起源を説明するために、こういう伝説ができたのではないかと思います。

この二人の商人は、釈尊が食事を終えて鉢と手を洗われたのを知って、釈尊の両足に頭をつけて礼拝し、そしてこのようにいいました。

「尊いお方さま、私たちはこれから釈尊の教えに帰依します。どうかウパーサカ（在俗信者）としてお受けください」

ここではじめて在俗信者が登場するのです。仏教ではのちに仏《ぶつ》・法《ほう》・僧《そう》を三宝《さんぼう》というようになりますが、この段階ではまだ三宝になっていない。仏と教えの法だけがあるのです。

このように、釈尊が二人の商人から食物の供養を受けて、鉢と手とを洗ったと仏伝には書いてあります。この記述も非常に写実的で、インドの生活を思い浮かべるとよく理解できます。ご承知のように、インド人は日本人や中国人と違って、お箸を使いません。ナチュラル・フォークと彼ら自身はいっていますが、手で食べるのです。すると手が汚れるから、食べ終わったら手を洗い、鉢を洗うのです。これは今なお行なわれている習俗です。

それから、さきほどいいましたように、それまでの修行者は手で食べ物を受け取り、食べ終わると手を洗うだけだったのが、仏教のお坊さんは鉢で受けとるということを始めた。だから仏教の修行僧にとって、鉢というのはとても大事なものなのです。

梵天の勧請

さて、若干の言い伝えによると、釈尊はさとりを開いた後で、じっとその境地を楽しんでおられた。ところが梵天《ぼんてん》が現われて、「どうか世の人々のために教えを説いてくださ い」とお願いした。釈尊は最初のうちは教えを説くのを躊躇されていました。

「私のさとったこの真理は、深遠で、見難く、難解であり、静まり、絶妙であり、思考の域を超え、微妙であり、賢者のみよく知るところである。ところがこの世の人々は、執着のこだわりを楽しみ、執着のこだわりにふけり、執着のこだわりを嬉しがっている」

だから、たとえ説いたとしても理解してもらえないだろう。

それに対して梵天はこう答えた。

「願わくはこの甘露《かんろ》の門を開け。無垢なる者のさとった法を説け。たとえば山の頂きの巌に立って、あまねく諸人《もろびと》を見るように、知慧の優れたあまねく見る眼ある人よ。自らはすでに憂いを超えておられるのですから、願わくは、あなたは法（ダルマ）よりなる高楼に昇り、憂いに沈み、生と老いにおそわれている諸人を見そなわせたまえ」

梵天というのはヒンドゥーでは世界創造神で、当時最高の神と考えられていました。いちばん古い時代の『リグ・ヴェーダ』では、いちばん偉い神さまはインドラでした。これが帝釈天《たいしゃくてん》ですね。ところが思想が発展してウパニシャッドの哲学では、ブラフマンという絶対原理を考えるようになりました。これは抽象概念です。宇宙の根本原理ですね。そういう抽象的なものは、一般の民衆はなかなか理解しにくいから、それを人格神として考える。それが梵天です。梵天というのは、当時の一般人が崇拝していた最高の神なのです。

その神さまがお釈迦さまに説法を勧めた。仏法守護の神というのは、ここから始まります。仏法守護神でいちばん偉いのは、帝釈天と梵天です。釈尊のお骨を納めた舎利壺などを見ても、かならず梵・釈が両側にいて釈尊にかしずいているというかたちになっている。つまりインド人が一般に拝んでいた偉い神さまでさえも、仏さまを崇拝し、守護していたというふうに、仏教の指導者は説いたのです。その梵天がお釈迦さまに、教えを説いてくださいとお願いしたのです。

説法を勧めるにあたって、お釈迦さまにさまざまな敬称で呼びかけています。「起て、英雄よ」。「健《たけ》き人よ」。これは容易に理解できますね。「戦勝者よ」。戦いに勝った人よ。これは仏教の解釈によると、煩悩という敵に打ち勝った人ということです。「隊商の主よ」。当時の商人たちは、隊商を作って旅行しますが、その主よ、ということは、隊商の人たちの帰依を仏教が受けていたことを示します。

それから「負債なき人よ」。借金のない人よ。これが仏さまにたいするほめ言葉の一つなのですね。仏典を見ると、お釈迦さまが、自分が出家修行者となっているこの境地は楽しいものだということを、顧みて述べている詩の文句があります。

「この修行者の境地は楽しいものだ。朝から借金取りがやってきて返せ、返せということもないから」

借金を取り立てる、返す云々ということが既にこの時代に問題になっていたことがわかります。そういう煩いがないのはいいことだと、すでに当時みんなが考えていたのですね。

「隊商の主よ。負債なき人よ。世間を歩みたまえ。法を説きたまえ」

そこで釈尊は、最初は躊躇されたけれども、結局、世の人のために法を説くことを決意されたと記されています。

このように、最初は躊躇されたけれども、結局、説法・伝道を始めることになったと多くの仏伝が説いているのですが、ここに一つの歴史的真実が蔵せられていると思います。やはり最初期の仏教の修行者というのは、自分ひとりで解脱の境地を楽しみ、無理に人に教えを説こうとはしなかった。『スッタニパータ』などを見ると、古い詩ですが、自分がひとりで自受用三昧《じじゅゆうざんまい》というのでしょうか、静かな境地を楽しんでいる、その境地を讃えられています。

ところが少し遅れてできたと思われる聖典の教えによると、説法が勧められ、讃えられている。ここにひとつの態度の変換があった。この二つの態度は、ある意味では後代にいたるまで仏教を支配している二つの傾向だと思います。他の世界宗教の場合には、とにかく人を改宗させるということに力を入れる。ところが仏教ではあまりやらないのですね。むしろ自分の身を修める。そして、自ら身を修めている人の姿がよかったら、他の人も、「ああ、自分もあんなふうになりたい」と思って、おのずからついてくる。この「おのずからついてくる」というのが、仏教教団の場合たいへん大事なのです。他の宗教のように、いかにして信者を獲得するかということに夢中になるというのは、お釈迦さまの本当の精神とはいえない。

ただ、仏教の場合、自ら静かな境地を楽しむという傾向が強いから、教団としてはどうしても弱いですね。これは、他の世界宗教に立ち向かった場合に、弱点となったということは否定できない。そこで現代のように、いろいろな思想や宗教が角突きあわせて交流している時代になると、現代という時代に視点を合わせた態度をとる必要がでてくるのではないでしょうか。

ともかく釈尊は梵天に勧められて、態度を転換されたという神話があるのです。ここには二つの問題点が認められます。第一に、さとった人でも迷うものである。さとりを開いた後でも、人間は甲をなすべきか、乙をなすべきか、不断に決断を迫られるということです。おれはさとったんだ、もう何の煩いもないというふうには、人生はそううまくはいかないのです。生きているかぎりは、つねに行為に関して決断を迫られる。決断に際しての反省は、かならず必要なのです。誰でも行為をしている。坐っているのも一つの行為です。ある行為をするのと、それをしないで他のことをするのと、どちらの道を行くかということは、当人が決定しないといけないですね。当人の問題です。すると、Aにするのか、Aならざるほうにするのか、不断に考慮し、反省しなければならない。反省し、考慮するというところに、さとりがあるのではないでしょうか。

西洋の言葉ですが、「人間は生きているかぎり迷う」といいます。これは避けられない現実です。人生は不断に分岐点にぶつかっているようなものです。そっちへ行くか、こっちへ行くか、しょっちゅう考えなければならない。その考える場合に、清らかな心で、冷静に、静かに落ち着いて、自分はこうすべきだと決断する。その決断の中に、さとりがあるのですね。

それから第二に、伝道の開始ということが、何らかの決意を要する事柄であったということです。ゴータマ・ブッダのさとりが普遍的宗教となって展開するための、重大な契機であったのです。

伝道の開始

そこで伝道のための行動を開始される。まず最初に、誰に教えを説いたらいいのだろうか。以前に修行のうえでの師であったアーラーラ・カーラーマに説こうかと思ったが、この人はもう死んでしまっていた。それでは、やはりかつて自分が師事したウッダカ・ラーマプッタに説こうかと思ったら、その人も既に死んでいた。では誰に説いたらいいのだろう。

そこでふと思い浮かんだのが、修行時代の仲間のことです。釈尊は以前に、五人の修行者といっしょに修行をしていた。ところがその五人の修行者は、釈尊が苦行をやめたときに、釈尊を捨てて、ベナレスに行ってしまった。ベナレスの「鹿の苑」ですね。そのかつての仲間の五人のことを思い出したので、そこへ行って自分の教えを説こうと決意した。そしてブッダガヤーからベナレスへ向かって歩んで行きました。

その途中でウパカという一人の行者に出会いました。この人はアージーヴィカ行者であった。アージーヴィカというのは、仏教やジャイナ教とならぶ、当時の大きな宗教教団です。宿命論、運命論を説いていたといわれています。釈尊はかれに教えを説いたけれども、アージーヴィカ教徒であったウパカは、「ああ尊者さま、それはそうかもしれませんね」といっただけで、頭を振ってわき道を通って去って行った。ここでは釈尊といえども、異教徒を説得するのに失敗しているのです。ウパカはゴータマ・ブッダに「そうかもしれないね」とからかうように軽く皮肉をいって、逃げてしまった。

この話を記した原典に、「かれは頭を振って、わき道を通って去って行った」とある。これはインド人の習俗を示すものとして、とても面白いと思います。われわれ日本人は、「そうですね」と相手の話に同意するときに、頭を上下に振りますね。ところがインド人は、どうもうまくまねできませんが、頭をちょっと横に振る。これが賛成の意思表示なのです。では反対の意思表示のときはどうするかというと、その時は頭を強く大きく振るのです。その区別が私にはできませんが、インド人とつきあっていると、その区別がわかるらしいのです。

われわれが見ると非常に異様です。インド人と話していると、こちらの話に同意しているはずなのに、頭を横に振るのです。おかしいなと思ったら、向こうではそれが賛成の意思表示なのですね。そういう習俗が仏典の中にも反映しているのです。

お釈迦さまがさらに進んでガンジス河を渡るとき、舟に乗らなければならない。それで船頭さんに向かって、河を渡りたいという。船頭は答えた、「私にお金をくだされば渡してあげますよ」。ゴータマ・ブッダは言った、「私にはお金がないのです」。すると船頭は答えた、「それでは渡してあげられませんよ」。するとお釈迦さまはすっと空中に飛び上がって向こう岸に渡った。こういう伝説が、いくらか後代の仏伝に出ています。非常に写実的に書かれているので、おそらく事実を伝えているのでしょう。

ただで乗せてくれというのは、今の日本人が考えると何か悪いことのように思われますが、南アジアのお坊さんとか修行者は、人のお布施によって暮らしているから、ただで渡してくださいといっても、別に悪いことではない。現代でも南方の諸国では、仏教僧侶の旅行には特別の便宜がはかられています。のみならず、古代インドの法典には、妊娠二か月以上の女性、遍歴者、森の隠者、およびヴェーダの学生であるバラモンには、渡船場で通行税を払わせてはならないと書いてあります。これに類似した思想は、最も近代の文明国にも保存されています。アメリカでは、あらゆる宗教の聖職者に各種の料金割引の特典があるそうです。

そういう背景を考慮すると、この話はちっともおかしくない。船頭さんが社会慣習に反してお金をよこせといったのに、お釈迦さまは、それがけしからんからといって別に罰を与えるでもなく、自分で空中を飛んで向こう岸に渡った。

ところが日本にはそのような慣習がないから、この話がちょっと異様に感じられるのです。日本では、宗教者とか宗教教団に対する特典は、まったくないわけではないけれども、きわめて少ないですね。ずいぶん事情が違います。

似たような話ですが、ボストンにハーヴァード大学というアメリカ第一の大学がありました。そこの宗教学の先生で、アングリカン・チャーチの聖職者でもある方がいらっしゃいました。聖職者だから、しょっちゅうキリスト教の法衣を着ているのです。けれども大学の講義のときには普通の服装です。ただ宗教上のお勤めの時だけは法衣をまとう。あるとき、その先生が自動車を運転して、私を乗せてくださるという。自動車を運転し始めるとき、急に法衣に着替えてしまうのです。運転するにはふつうのスーツの方が楽ですね。なぜ法衣に替えてしまうのか。法衣を着ていると、万一、交通違反をおかしたときに、アイルランド人の巡査が見逃してくれるかもしれないというのです。ボストンのおまわりさんにはアイルランド人が圧倒的に多いのです。アイルランド人は敬虔なカトリックだから、法衣を着ていれば、これは聖職者だというので、交通違反を見逃してくれる。それをあてにしているのです。

そういう習俗はどこの国にもありますし、聖職者に対する割引や免除の制度をつくっている国もあちこちにあります。そういうことを念頭において考えることによって、一見奇妙にみえる神話・伝説の類いも理解できると思います。

二　釈尊の説いたこと

鹿の苑＝サールナート

さて、釈尊はいよいよ目的地のベナレスに着きました。ベナレスの郊外にサールナートというところがあります。これをパーリ語ではミガダーヤといいます。「ミガ」とは鹿という意味です。「ダーヤ」は「苑」ですね。だから「鹿の苑」です。仏典では「鹿野苑《ろくやおん》」といいます。京都の金閣寺は正しくは鹿苑寺《ろくおんじ》といいますが、これは鹿野苑にちなんでつけられた名前です。ミガダーヤはいいところです。きれいな芝生がずっと敷きつめてありました。お釈迦さまの時代にも、あんなにいいところだったかどうかはわかりませんが、その頃はいろいろな行者たちがそこに集まっていました。そして鹿がいたのですね。だから鹿野苑というのです。

私が一九五二年にはじめて行ったときには、鹿はいませんでした。されいな芝生があるだけです。それから何年かたって行ってみたら、鹿が二頭いるのです。どうしたんだと聞いたら、鹿の苑というからには、やはり観光客を喜ばせないといけないから、鹿を連れてきたんだといっていました。以後それが慣わしになっているようで、今でもそこには鹿がいます。鹿のほうでも人間によくなついて、落ち着いてたわむれています。

釈尊の時代には、そこに仙人とか行者が集まっていた。それで「リシパタナ」といいます。「リシ」というのが仙人、「パタナ」はもともと「落ちる」という意味です。それで仏典では「仙人堕処《せんにんだしょ》」と訳しています。けれどもこれは訳としてはちょっとおかしい。仙人が堕ちたというと、久米の仙人のように落っこちたというイメージになりますが、そうではないのです。「パタナ」というのは「落ちる」という意味もありますが、「集まる」という意味もあるのです。

インドでは飛行場のことを「ヴァーユ・ヴァーハナ・パタナ」といいます。風（ヴァーユ）の中を飛ぶ乗り物（ヴァーハナ）、つまり飛行機が集まるところという意味です。「飛行機の落ちるところ」などと訳したら、たいへんなことになりますね。「落ちる」という言葉には、日本語でも、英語でも、「集まる」という意味があるではありませんか。「どこそこで落ちあいましょう」といいますね。「集落」という言葉もあります。英語でも "drop into the office" という表現があります。"drop" というのは、この場合は「ちょっと立ち寄る」という意味です。

だから「仙人堕処」はちょっと変な訳で、正しくは、仙人たちが集まる場所という意味です。いいところだから、行者たちがそこに集まっていたのです。リシパタナに限らず、緑に恵まれ、落ち着いた静かな場所には仙人が三々五々集まっていて、やることがないものだから体操などをやっています。必ずしも禅定や瞑想だけを実践しているわけではないようです。

そのリシパタナでもとの修行仲間である五人の友人に教えを説いた。その五人の修行者が釈尊を出迎えたと伝えられる場所が今でも残っていて、そこに立派なストゥーパが建っています。

リシパタナ、つまり仙人の集まるところというのは、今日でいったら学者のグループのたむろしている学界のようなものですね。そういうところで教えを説いて、みんなが承認してくれたら、それで正しい教えだということになって、世の中に広まる。だからお釈迦さまは、わざわざブッダガヤーからベナレスまで行かれたのです。地図で見るとすぐのように見えますが、急行列車で一晩かかります。歩いて行ったらたいへんでしょうね。十日や十五日はかかるでしょう。釈尊がそういうところまでわざわざ行ったのは何のためか。これはやはり、さきほどいったように解釈するのが妥当でしょう。リシパタナは行者の集まる場所で、当時としては最も思想的に進んだ人々が集まっていた。そこで自分の教えを説いて反応を確かめる。みんなが賛成してくれたら、一般的な定説となるのです。

果たせるかな、その五人の旧友は釈尊の教えにしたがって、釈尊の弟子になった。ここに仏教の教団が成立したのです。

四諦の教え

それでは、釈尊はそこで何を説いたのか。これについてもいろいろな説があって、これだとはっきり決めるのはむずかしいのですが、一般的には「苦集滅道《くしゅめつどう》」の「四諦《したい》」の教えを説いたということになっています。

人生には必ず苦がある。生理的な苦痛もそこに含まれますが、思うようにならないということを、仮に「苦」と呼んでいます。どうして人生に悩みがあるのかというと、その背後、奥底には人間の煩悩があるのです。煩悩があるから、苦しみが起きる。これが「集」、苦しみの原因ということです。煩悩を制したとき、苦しみは消える。煩悩の静まった境地、これを仏教の言葉で「滅」といいます。その境地に向かって行くためには、正しい実践をしなければならない。その実践を「道」といいます。実践の方法として八つあるので「八《はっ》正道《しょうどう》」といいます。

四諦の「諦」は真理という意味です。われわれの生存、人生を顧みると、思い通りにならないことばかりです。それが「苦」です。これはよく理解できますね。

その奥底に苦の原因がある。その原因を「タンハー」と言います。この言葉にはいろいろな訳語がありますが、ふつうには「渇愛」という訳語がよく用いられます。「タンハー」というのはもともとは「渇き」です。

人間は、のどが渇いてたまらないときには、どんな水でも飲みますね。そういう、水が飲みたくてしかたがないような衝動的なものが、人間の奥底に潜んでいるのです。それを渇きに喩えているのです。これが「集」、苦しみの集まりのもと、ということです。

それを制するのが「滅」です。これはもとの言葉では「ニローダ」と言いますが、その本来の意味は「制する」ということです。欲望を制すると、欲望を感じなくなる。これは修行者の体験からは理解できるのだと思います。

現代人の理解では、欲望が人間の内にある。その欲望を無理に抑えると、ゴム風船を押さえるとかえってぴゅっと弾けるように、欲望が暴発してしまう。だから欲望を抑えてもだめだということになるでしょう。

けれども昔の修行者は、欲望を抑えてじっとしていると、本当に欲望の働きがなくなるから、欲望が滅びたと思ったのだろうと思われます。私の経験からいっても、軍隊にとられて、世俗の欲望とか楽しみがぜんぶ遮断されると、これはだめだと思って、欲望なんて起こらなかったですね。それと似ていると思うのです。

「制する」ということが「なくなる」ことを意味する。そしてそれを実現する実践がある。このように教えが説かれたのです。

中道の教え

これは、別の言葉では「中道《ちゅうどう》」の教えであるともいわれます。最近では政治の世界でも、「中道」ということがよくいわれます。誤解を受けやすい言葉ですが、「中道」は、どっちつかずという意味ではありません。漢訳仏典では、「至要之道」という訳語もあります。これはいい訳だと思います。肝心かなめの道だというのです。具体的には「不苦不楽の中道」です。わが身を苦しめるのでもないし、快楽にふけるのでもない。どちらでもないから中道というのです。

現代人の目から見ると、たとえば南アジアの仏教のお坊さんは、世俗の楽しみを断って、もちろん一切の異性関係をも断って、食事をいただくのも午前中でなければならない。これは苦行ではないかと思われますね。しかし、基準のとりかたによって違いますが、釈尊の当時の宗教者の通念によると、仏教徒の実践は、体に釘を刺したりするようなことはしないから苦行ではないし、快楽にふけるのでもない。だから中道だということになっていたのだと思います。

同時に若干の宗教からは批判もありました。たとえば仏教の僧侶がジャイナ教やヒンドゥー教のお坊さんに批判される場合には、仏教のお坊さんは、だらけているといわれます。もっぱら苦行ばかりやっている人から見れば、そうなるのでしょうね。

この中道の立場の本質は、時代によって事情が違いますので一概にはいえません。ここにお集まりの方々は、不苦不楽の中道を実践しておられると思います。しかしそれは、現代的な価値基準から見れば、中道を進んでおられるといえるにすぎません。

遠いインドのことをいわなくても、私の師事した先生方の価値基準から見ると、ずいぶん違って見えるのです。私が教えていただいた先生方の中でも、とくに厳しくて怖かったのは宇井伯寿先生でした。この先生はもっぱら学問に精励されていたものです。私をごらんになって、「この弟子は、もっと鍛えてやるつもりだったのに、だらけていてだめだ」と腹の中では思っておられたのかもしれません。

そのくらい厳しい先生でしたが、この先生にして、そのさらに前の先生に叱られたことがあるのです。村上専精《むらかみせんしょう》先生といって、「大乗非仏説」などを提唱された方で、その他の面でも当時としては斬新な考え方の学者で、博学な先生でした。その村上先生に宇井先生が会われたときに、村上先生はこういわれた、「えっ。君は本を読むのに火鉢を置くのか」。つまり、本を読むというのは修行なのです。それを横に火鉢を置くなんて、そんなだらけたことはけしからんというのですね。今はもう、どこに行っても全館冷暖房でしょう。村上先生に言わせたら堕落の極致です。

結局のところ、具体的な基準というのはしょっちゅう変わるのです。要はその時々の社会的通念の範囲内で、もっとも適切な道を実践するということに、尽きるのではないでしょうか。

聖地ベナレス

釈尊は四諦とか中道とかをベナレスで説かれた。いまそこに行くと、マハーボーディ・ソサエティという仏教の団体、これはスリランカから出発したのですが、その団体の建てたお寺があります。ヒンドゥー様式の仏教の寺院ですが、そこにある壁画はぜんぶ、日本人の野生司《のうす》香雪《こうせつ》画伯が描かれたものです。

野生司画伯は、このお寺に何年も滞在されて、十分な経済的援助があったはずもないから、ひまなときには絵を描いて売って、それを壁画を描く資金になさった。そしてこの大寺院の内側に、釈尊の生涯のあらゆるシーンを描いたのです。これは現在インドに残っている仏伝図の中で、釈尊の生涯のあらゆるシーンが完全に残っている唯一のものです。インドにはアジャンターの壁画とか、そのほかいろいろ残っていますが、みな多かれ少なかれ破損の跡があります。ところがこの野生司香雪画伯が描かれたものだけは完全で、破壊を受けていません。

およそインドを訪れる外国人で文化に関心を持っている人は、必ずベナレスを訪れるでしょう。ベナレスは文化の都、宗教の都です。ベナレスを訪れる多くの人は、鹿野苑のこのお寺にお参りすると思います。するとそこに日本人の絵かきさんがすばらしい絵を展覧している。その偉業は大したものだと思います。その全部のシーンがこんどは金属の浮彫に作られて、シカゴの仏教会に送られています。

そんな大きなお寺がどうして建ったのか。インド人が建てたのではありません。スリランカから若干資金が来たようですが、それも十分ではありませんでした。資金を提供したのはミセス・フォスターという婦人です。この方は、ハワイのカナカ人の血を受けた人で、混血ではあったようですが、ハワイの王室の末裔です。

たまたまシカゴで一八九三年に万国博覧会が開かれました。そのとき同時に世界宗教会議が催されましたが、そこにスリランカの仏教の代表として赴いたのが、ダルマパーラという人です。この人は仏蹟の修理などを数多く手がけた人です。当時は船で行きましたから、ダルマパーラは途中でホノルルに立ち寄りました。そこでフォスター夫人と出会ったのです。

そのときどういう話が交わされたのかはわかりませんが、フォスター夫人はダルマパーラとの出会いに非常な感銘を受けました。二人が会ったのは、その時ただ一度だけです。それにもかかわらず、フォスター夫人は私財をなげうって、ダルマパーラの事業に寄進したのです。他にもいろいろ有意義なことをなさっています。ハワイの西本願寺の大きな建

初転法輪（ラホール博物館蔵）

物も、フォスター夫人が寄進したものです。

フォスター夫人が資金をダルマパーラに提供することによって、今日、あの大きな近代的な仏教寺院がサールナートにそびえているのです。日本の実業家たちも若干寄進したようですが、フォスター夫人の努力がとりわけ大きかったので、お寺の中にその旨が大きく記されています。

フォスター夫人にそういう決心を起こさせたのは、ダルマパーラです。ダルマパーラがハワイまで行ったのは、ちょうどそのころ東西の交流が行なわれ始めたからです。いろいろな要素が影響しあって、その寺院ができたわけです。

ベナレスの郊外のサールナートの地、あそこにはいろいろなエピソードが秘められています。いまあそこで静かに瞑想している僧侶には、チベットから逃れてきたラマ僧も数多くいます。スリランカの寺院もあるし、現代でも大きな意味をもっている土地だと思います。

転法輪

釈尊の最初の説法を、初転法輪《しょてんぼうりん》といいます。法の輪を転ずるという意味です。後代の仏教彫刻がいろいろありますが、そこによく輪が記されている。それが法輪で、釈尊の転法輪、釈尊が教えを説かれたことを象徴しています。

ご承知のように、インド共和国の国旗にやはり輪が描かれています。インドの国旗は上がサフラン色、中が白、下が緑で、まん中の白い部分に輪が描かれています。これはアショーカ王の彫刻に輪が記されている、それをうけたものです。アショーカ王がなぜこういう輪の印を彫刻に記したかというと、仏教の転法輪をうけているのです。さらにさかのぼると、こういう輪の印はインダス文明にもあります。だから歴史は長いのです。

第二次世界大戦後、インドが独立したときに、国旗を作らないといけないということになりました。その時に、国旗に何を描くか、それが問題になったのです。チャルカという織機を描こうという動きもありました。チャルカはインドでは神聖視されていたのです。

インド共和国の初代の大統領であるプラサード氏が日本にきたときに、チャルカを持ってきて、毎日この織機を回していたのですね。どういう意味があるかというと、これはガンジーが勧めたことで、インド人にとっては神聖な意味があるのです。

イギリスがインドの産業をぜんぶ破壊してしまった。インド人は何も持っていない。あるのは労働力だけです。そこからインドが立ち上がるためには、インドの労働力を組織的に生かす以外にない。それで各農村でめいめいが紡ぎ車を回すこと、これならできる。それをガンジーは勧めたのです。それによってインドの民衆の力を結集して、ランカシャーの紡績に対抗しようとした。だから、紡ぐということが神聖な行事になったのです。

ところが国旗に描くとなると、左右のつりあいがとれない。これでは具合いが悪いというので、紡ぎ車を描くのはなしにして、アショーカ王の法輪を図案化することになったのです。

転法輪の結果、五人の弟子が帰依して、天下に六人の阿羅漢《あらかん》（仏教の聖者）がいることになった。そして街へ托鉢《たくはつ》に行くときには、三人ずつ交代で行った。ということは、釈尊も弟子と同じような生活をしていたということです。おそらくその姿は剃髪《ていはつ》で、ぼろぎれをまとっていたに違いありません。現在見ることのできる仏像の姿は、後代の人々が思い浮かべた理想の姿であって、現実の修行者としての釈尊の姿ではありません。

ちょっと前になりますが、日経新聞と上野の博物館が共同でインド美術展を催しました。あそこに一つだけ、異色の仏像がありました。それには髪がないのです。それについての説明は、まだ十分になされていませんが、髪のない仏さまの姿は歴史的には事実に近いと思います。だから釈尊も修行者の一人として生活していたのです。

剃髪の仏坐像（ラクノウ博物館蔵）

三　伝道の旅へ

三宝と三帰五戒

それから釈尊は逐次教化を及ぼしていきます。ヤサという名前のお金持ちの子どもがいた。そのヤサを出家させ、その友だち四人もいっしょに出家させます。彼らはみんな髪もひげも剃り落とし、黄色い衣をまとい、家から出て家なき身となり、出家修行者となったと、仏典には記されています。つづいてヤサの友人五十人を出家させた。だんだん教団のメンバーが増えていったのです。

つぎつぎと修行者の仲間が増えたので、しだいに集いというものを神聖視するようになりました。そこで仏法僧《ぶっぽうそう》の三宝《さんぼう》が成立したのです。

釈尊がさとりを開いて、最初に尊ばれたのは法であって、つづいて仏と法の二つだけが尊ばれました。ある時期からそれに僧が加えられるようになって、それで三宝となった。日本で「お三宝」というのはここからきています。

「僧」というのは、「サンガ」の音を写したものです。「僧伽」と書くこともあります。集い、団体というほどの意味です。「サンガ」という言葉は、もともとインドでは政治的な意味では「共和国」という意味であり、経済的な面では「組合」の意味で使われていました。仏教教団もサンガといいますが、これは教団が当時の共和国、あるいは組合、ギルドの組織を模して、あるいはそれに啓発されて作られたことを、示唆していると考えられます。だから当時の共和国や組合の運営方式が、仏教教団に多大の影響をおよぼしているのです。

もとは「集い」というほどの意味だった「サンガ」が、三宝の一つとして非常に尊ばれるようになった。いわば格上げされたのですね。仏教徒であれば、三宝に帰依するということが最小限の条件になっています。仏教徒であることの基準は何かということは、たいへんむずかしい問題ですが、仏法僧の三宝を拝むということは、どの国の仏教についてもいえることとです。

つづいて初期の仏教でいわれるのは、「三帰五戒《さんきごかい》」ということです。三宝に帰依《きえ》することが三帰です。そして命が終わるまで五戒を守る。五戒というのは、殺すなかれ、盗むなかれ、邪婬を行なうなかれ、偽りを語るなかれ、酒を飲むなかれ、この五つです。最後の「酒を飲むなかれ」は後になって加わったもので、古い詩の文句では前の四つだけ挙げています。この四つは他の宗教ともほぼ共通です。どの宗教の人でも守るべきことがらですね。仏教ではそれに加えて、「酒を飲むな」、不飲酒戒《ふおんじゅかい》というのを立てます。

ただ、「殺すなかれ」と「酒を飲むなかれ」とでは、ちょっとウエイトが違うのではないかと思います。この点は仏教の教義学者もちゃんと気づいていて、うまく説明をつけています。前の四つの戒律は「性戒《しょうかい》」といって、それを破るのは「性罪《しょうざい》」、つまりそれ自体悪いことである。ところが最後の「酒を飲むなかれ」について考えると、酒を飲むことはそれ自体としては悪いことではないけれど、あまり過ごすとよくない。酒も度が過ぎると酔った勢いで性罪を犯してしまう恐れがある。それにお酒を飲んで酔っぱらってばかりいると、世間の仏教徒に対する印象が悪くなる。それではいけないので、戒律を設けて飲酒を規制するのです。このような戒を、遮る戒、「遮戒《しゃかい》」といいます。教義学者もこういう区別をして、ウエイトが違うことを認めているのです。

この三帰五戒が仏教徒の印です。だから日本の仏教でも授戒《じゅかい》という儀式をするでしょう。戒を授かった場合に、それを命終わるまで実行するか、さらに戒を授けるほうの人が命終わるまで実行しているか、そこのところは融通無礙の解釈がされているようです。とにかく名目的にも三帰五戒が仏教徒の印です。

三宝の礼拝（インド博物館蔵）

舎利弗と目連

このほかあちこちで釈尊は教えを説いています。ブッダガヤーの近くに象頭山《ぞうずせん》というところがありますが、そこでは「燃える火の教え」を説かれた。万有は燃え立っている火の中にあるようなものだという教えです。そして火をあがめるバラモンの行者、カーシャパ三兄弟を帰服させたのです。山の形が象の頭に似ているので、象頭山と呼ばれているのです。讃岐の金比羅さんのところの山が、やはり象頭山といいますね。ここからきています。

それから釈尊は王舎城で教えを説いたこともある。そこではビンビサーラ王を帰依させました。前にも述べましたが、釈尊は出家の直後に、このビンビサーラ王と会見しています。ともかく、当時のインドで最大の強国マガダの王さまが帰依したのだから、これはやはり大したことです。

王舎城というところは、インド最大の強国の首都であったのみならず、当時のインドでもっとも文明が進んでいた都市の一つです。その王舎城で、舎利弗《しゃりほつ》と目連《もくれん》という二人が帰依して仏教教団に入ってきた。これは仏教にとって相当重要なことだったと思います。舎利弗と目連は、釈尊の二大弟子といわれる人ですが、この二人はもとはサンジャヤという懐疑論者の弟子だった。ところがある日、仏教のお坊さん、釈尊の弟子のアッサジという人が王舎城に托鉢のために入ってきた。その姿に打たれて二人とも仏教に帰依するようになったのです。

アッサジが何を説いたかというと、因縁《いんねん》の教えです。ありとあらゆるものは因縁によって成立している。つまり神さまのような人が一人いて、その人がすべてを創造するというのではない。私なら私という一人の人間がここにいる。そこには無数の条件が加わっているのです。その条件のそれぞれが成立する背後には、また無数の条件があった。さらに、それらの背後にはまた無数の条件がある。それらが働いて、個々の人間の存在を成立させているのです。人間ばかりではありません。この世の出来事のひとつひとつが、無数の条件によって成り立っている。これが因縁の教えです。ときに区別する場合には、「因」が主な原因、「縁」は副次的な原因という解釈もされています。

そういう因と縁とが加わって、世の中のありとあらゆるものが成立しているという因縁の教えを、アッサジは説いたのです。そこで舎利弗と目連の二人は、はっと目が覚めて、それで仏教に帰依したと伝えられています。

この二人のもとの師匠だったサンジャヤの教えはどういうものかというと、一種の懐疑論です。世の中のことは何一つ断定することはできない、つまりわけがわからないのだというのです。当時のインドはいろいろな思想が現われて混乱していたので、人々は帰趨に迷っていました。サンジャヤもそのような思想家の一人だったのです。

サンジャヤに「あの世は存在しますか」と聞いたとき、かれはこう答えた。

「王さまよ、もしもあなたが〈あの世は存在するか〉と問うた場合に、私がもしも〈あの世は存在する〉と考えたならば、〈あの世は存在する〉とあなたに答えるでしょう。しかし私はそうだとは考えない。そうらしいとも考えない。それとは異なるとも考えない。そうではないとも考えない。そうではないのではないとも考えない」

何をいっているのかよくわかりませんね。かれの議論は、「うなぎをつかむような議論」といわれています。うなぎを掴まえようとすると、するっと逃げるでしょう。それと同じように、サンジャヤに向かって、ああかこうかと問いつめようとしても、するっと逃げられてしまう。

サンジャヤにいわせると、あの世があるかとか、世界は有限か無限か、というような解決できないことを議論してもむだだ、考えるのをやめてしまおうというのです。判断中止を説いたのです。

そのサンジャヤの弟子が釈尊の門下に入った。それを聞いたお師匠さんのサンジャヤは、かっとなって血を吐いたと書いてあります。死んだとは書いてありませんね。

舎利弗と目連が釈尊の門下に入ったとき、二人と同門であったサンジャヤの弟子二百五十人が、二人に従って仏教に帰依しました。

このことは、仏教の教えが懐疑論の影響を受けていて、しかも懐疑論を乗り越えたところから出ているということを示しています。つまり、ああでもない、こうでもないと、ぬらりくらりしていたのでは、すべての人を説得しうる、確信をもたせる教えとはなりえない。そういうむだな議論からは離れて、真の生き方を求めるというところに、釈尊のよりどころ、立場があったのです。もとは懐疑論者の弟子であった舎利弗と目連の改宗という出来事に、それがはっきりと現われています。

お経を読むと、「釈尊は、弟子一千二百五十人とともにありき」という文句がよく出てきます。そのうち二百五十人は、舎利弗、目連がつれてきた弟子です。残りの一千人はカーシャパ三兄弟の弟子でした。さきほども述べましたが、このカーシャパ兄弟は火をあがめるバラモンだったのですが、その兄弟の弟子が合わせて一千人いた。ところがこの三兄弟も、釈尊の教化を受けて仏教に改宗しました。そのときに一千人の弟子たちもカーシャパ兄弟に従って釈尊の弟子になったので、これで「弟子一千二百五十人」ということになるのです。

カーシャパ兄弟の改宗は、仏教がバラモン教をも乗り越えたことを示しています。バラモン教の火の祭りも乗り越え、サンジャヤの懐疑論などの、当時のいろいろな自由思想も乗り越えたところから、仏教が出発しているということがいえるのです。

舎衛城――祇園精舎の建立

それから釈尊は舎衛城《しゃえじょう》にも長く滞在していた。舎衛城はもとの言葉でサーヴァッティーといいます。現在のウッタルプラデーシュ州の北の方にあった都市です。コーサラ国の首都でした。その郊外に小高い丘があります。その丘に釈尊は長い間滞在しておられた。それが祇園《ぎおん》です。

なぜ「祇園」というかというと、その静かな林のある丘、いま行ってみても涼しくていいところですが、ここはもともと舎衛城のジェータ太子の所有だった。漢訳では音を写して「祇陀《ぎだ》太子」と書きます。それを当時の第一のお金持ちであったスダッタ長者、「スダッタ」というのは「よく与えた」「よく施しをした」という意味ですが、この長者が釈尊に寄進したいと思った。そのためには太子から林の丘を買い取る必要があった。そこで

祇園の布施（インド博物館蔵）

スダッタ長者は太子に向かっていいました。

「あの涼しい林のある丘を、釈尊の教団にさしあげたいと思う。ついては私に売ってくださらないか」

するとと太子はちゃっかりしていて、長者の足もとを見てふっかけるのです。

「あなたがこの道路一面に、敷きつめられるだけの金貨を持ってきて敷きつめたなら、お売りしてもよい」

そこでスダッタ長者は牛車に金貨をいっぱい積んできて、太子のいうとおりに敷きつめた。その情景を描いた絵がバールフットの彫刻にあります（前ページ参照）。今その彫刻はカルカッタの博物館に保存されています。

そしてそのお金を太子に渡して土地を買って、そこに精舎《しょうじゃ》を建てた。もともと祇陀太子の園であったから、それで祇園というのです。そこに建てたお寺だから、「祇園精舎」といいます。「精舎」は精進するための家、修行の家です。

これで当時の仏教教団にとって拠点ができたわけです。それ以前はおそらく、先ほど話したバニヤンの樹の下とか、あるいは岩窟の中とか、そういうところに修行者たちは住んでいた。雨季には信者の家に泊めてもらうこともあったようです。祇園精舎ができたので、ここで集団生活ができるようになった。これはインドの宗教史の上で大きな、注目すべき転機です。

ここでもう一つ注意しておきたいのは、土地の売買が行なわれているということです。この事実は、すでに当時、貨幣経済が発展しつつあったということを示しています。さらに、王権とはりあうだけの経済力を持った長者が、民間に現われていたということもわかります。そういう資産家階級に仏教教団は支援されていたのです。商人の階級は古い経済外強制を嫌います。自由に経済交流が行なわれることを必要とするので、そういう活動が他の条件によって制約されることを嫌うわけです。ところが仏教の教えは、そういう余計な束縛をはねのけるように働いたのです。それに、仏教は四民平等を説きます。だから、商人階級に受け容れられるに適していたのです。そういったいろいろなことが、祇園精舎の伝説からわかります。

現在サーヴァッティーの都市の遺跡に行くと、大きな宮殿があって、離れたところに大きな煉瓦造りのお屋敷があります。それがスダッタ長者の屋敷の跡だというのです。本当かどうか、碑文も見つかっていませんから正確なところは何ともいえませんが、その付近には他にそれに当たるような大きなお屋敷の跡がないのです。スダッタ長者は当時第一のお金持ちであった。だからここが長者のお屋敷の跡にちがいない。そういう推理によっているのです。

はては盗賊までも、釈尊は帰依させました。アングリマーラという盗賊です。その盗賊が住んでいたという場所までも伝えられていますが、どこまで本当なのか見当もつきません。でも、現地で話を聞いているとおもしろいですよ。個々の伝説を分析すると、いろいろなことがわかります。

第五章　最後の旅

一　釈尊とヴァッジ族の七つの法

『マハーパリニッバーナ・スッタンタ』

今回は釈尊の最後の旅路を中心にしてお話ししようと思います。

釈尊の生涯の年時に関する記載は、前にもいいましたように、はっきりしていない。何年にどこにおられたかということははっきりせず、ただ釈尊がどこそこにおられたときに、このようにおっしゃったということだけが伝えられています。いろいろなことが断片的に伝えられているだけなのです。

ところが釈尊の最後の旅路だけは、生涯のクライマックスとして、順序だててかなり詳しく伝えられています。それについて述べた典籍は、パーリ語、サンスクリット語、チベット語、漢文といろいろあります。日本では漢文のものが知られていますが、原典としてまとまっているのは、パーリ語の『マハーパリニッバーナ・スッタンタ』という経典です。これは「ディーガ・ニカーヤ」という大きな経典の集成の中に収録されています。「マハー」は、「大いなる」「大きな」という意味です。「パリニッバーナ」は、この場合は「釈尊が完全に亡くなられる、入滅される」ということです。それから「スッタンタ」というのは、「経」です。「スッタ」だけでも「経」という意味になるのですが、とくに長い経典を「スッタンタ」といいます。

この経典はよく読まれています。翻訳もいろいろあります。パーリ語のものがいちばんよくまとまっていますが、近年、中央アジア、チャイニーズ・トルキスタンのトルファン、昔の名前でいうと高昌国で、サンスクリットで書かれたこの経典の断片が見つかりました。それをドイツのヴァルトシュミットという学者が編纂整理して、ドイツで出版しています。内容はだいたい似たりよったりです。漢訳もいろいろあります。チベットにもそれに相当する文献があります。だいたい八通り現存するといえましょう。

私の『ゴータマ・ブッダ』（春秋社）では、生涯の最後のところはだいたいこの経典に基づいて述べてあります。その詳しい日本語訳は、『ブッダ最後の旅』として岩波文庫で出ています。それから漢訳では『遊行経《ゆぎょうきょう》』というのがその一つですが、その国訳が、全二巻で大蔵出版から出ています。

なお、『遊行経』の「遊行」は、遊行上人という場合と同じで「経巡り行く」という意味です。「遊びに行く」という意味ではありません。わかりきったようなことですが、念のために申しそえておきます。

このように各種のテキスト、翻訳がありますが、本によって少しずつ内容が違います。ですから釈尊の生涯の最後の旅路が実際にはどうであったかということは、それらのいくつものテキストを比べてみないとわかりません。けれども、どのテキストを見ても、だいたいの筋書きは一致していますから、ほぼ、この『マハーパリニッバーナ・スッタンタ』に述べられているような旅がなされたということは、疑いのない史実だと考えてよいのです。

マガダ国王アジャータサットゥのたくらみ

この経典の書き出しはこうなっています。

「ある時、釈尊は、王舎城の鷲の峰におられた」

王舎城はまわりが山になっていて、その東北の方が鷲の峰です。「鷲の峰」に神霊の「霊」という字をつけ加えて「霊鷲山《りようじゆせん》」と漢訳仏典ではいっています。霊鷲山は日本でも有名ですが、なぜ有名かというと、『法華経』がここで説かれたということになっているからです。しかし歴史的現実に即していうと、霊鷲山に釈尊が滞在しておられたことがあるという事実がまずあって、それに基づいて、『法華経』もそこで説かれたのだということになったのですね。

さてその時に、その頃のマガダ国の王アジャータサットゥは、ヴァッジ族という、ヴァイシャーリーに住んでいた非常に富裕な部族を征伐しようとくわだてていた。王はこのようにいいました。

「このヴァッジ族は、このように繁栄し、このように勢力があるけれども、私はかれらを征伐しよう。ヴァッジ族を根絶しよう。ヴァッジ族を滅ぼそう。ヴァッジ族を破滅におとしいれよう」

ヴァッジ族は商工業がさかえ、共和政治を行なっていました。これを征服すれば、ガンジス河の北岸一帯を手に入れることができる。王はこう考えて、マガダ国の大臣ヴァッサカーラ――バラモンでした――に告げていいました。

「さあ、バラモンよ。釈尊のいますところに行け。そこへ行って、尊師の両足に頭をつけて礼拝せよ。そしてわが言葉として、〈ごきげんいかがですか〉とうかがえ。そしてこのようにいえ。〈マガダ国王アジャータサットゥはヴァッジ族を征伐しようと考えています。それについて尊師のご意見をうかがいたい〉と」

そこで大臣のヴァッサカーラは王の命を受けて、霊鷲山の釈尊のところに行きました。

「大臣は華麗な多くの乗り物を装備して、自らも華麗な乗り物に乗って、それらを連れて王舎城を出て、〈鷲の峰〉という山に赴いた。乗り物で行ける地点まで乗り物で行き、そこから乗り物を降りて、徒歩で釈尊のましますところに近づいた」

これは今でもその通りなのです。前にも述べましたが、ふもとまでは平地だから車で行くことができる。けれどもそれから先へは行けない。車で行けるところの終点は、今では円形の駐車場になっていて、そこで車を降りて、そこから先は徒歩で険しい山道を登って行くのです。このあたりの事情は昔も今も同じです。そして、

「釈尊に近づいてから、あいさつの言葉、喜ばしい言葉をとりかわして、一方に坐した。その時アーナンダは、釈尊の背後にいて、尊師をあおいでいた」

これも今のインドで見られる通りの光景です。ヒンドゥー教の高僧がいるでしょう。そこに信者が集まってきます。時には女性の信者も集まってきます。するとその高僧を扇であおいでいます。涼をとってもらうため、それに虫を追い払うためです。だから経典の記述は、今見られる光景とそっくりだと思います。

ある人がいいました。もしこれが事実だとしたら、修行者として高慢でみっともないことではないか。そういう批判が現代の日本人の中からおこるのですが、これは、古来から宗教者にたいするインド人一般の慣習であったといえるのです。

ヴァッジ族の七つの法

そこで大臣は釈尊に申し上げた、「王さまはヴァッジ族を攻め滅ぼそうとしていますが、いかがでしょうか」。それにたいして釈尊は、いいとも悪いとも答えない。ただ次の点を問いただした。その質問が七か条あります。

まず第一に、ヴァッジ人は、しばしば会議を開き、会議には大勢の人々が集まってくるかどうか。するとアーナンダが答えた、「はい、その通りです」。つまりヴァッジ人はしばしば会議を開いていた。かれらの共和政治は、あるいは貴族だけの寡頭政治だったかもしれませんが、すべてを会議で決めていた。

第二に、ヴァッジ人は、共同して集合し、共同して行動し、共同してヴァッジ人としてなすべきことを処理するかどうか。すると「はい、その通りです」と答える。

それから第三に、ヴァッジ人は、いまだ定められていないことを定めず、すでに定められたことを破らず、昔に定められたヴァッジ人の旧来の法に従って行動するかどうか。するとアーナンダが「はい、その通りです」と答える。

これは観念的な保守主義を示しています。昔に定められたことを、後世の人は変えないのが望ましい。実際問題としては、世の中が変われば人々のすることもどんどん変わっていくのですが、観念的には、昔に定められたことはそのまま受け継ぐという考え方が、インドでは支配的です。それがこの問いに反映していると思います。

第四に、ヴァッジ人は、かれらのうちでの古老を敬い、喜び、あがめ、もてなし、そして古老の言葉を聞くべきものと思っているかどうか。すると「はい、その通りです」。

これは古老の言うことを聞く、つまり年齢あるいは経験を尊ぶという思想ですね。これは南アジア、東アジアには顕著です。西洋ではこのような思想は比較的弱いです。

西洋でも「スィーニョリティ」という言葉があります。やはり年長の人、あるいは先輩を尊敬するのですが、しかし西洋の社会はもともと狩猟民族、遊牧民だったわけでしょう。狩猟をして獲物をとるには腕っぷしが強くなければならない。獲物を捜して森や林をぐるぐる歩きまわるとなると、体も強くなければならない。だから老人だからといって特に尊敬することはないのです。反対に、腕っぷしが強い間はみんなが尊敬してくれるけれど、だめだとなると、ぽんと蹴落としてしまう。その点についての東西の事情の違いがここに現われているのですが、今日でもこの違いは顕著ですね。

アメリカの一流の実業家は、四十代くらいのぴんぴんした人が多いでしょう。日本の産業界の最高指導者というのは、みんな七十代、八十代以上の人ではないですか。それでみんなが言うことを聞いてくれるわけですね。老人はだめだ、老害だなどというけれども、では誰を指導者に持ってきたらいいかとなると、やはり年長者を立てておいたほうが、収まりがいいということではないでしょうか。だから、表向きには老人を立てておいて、裏でコントロールするという考えの人もいるでしょうけれども、やはり西洋との間には違いがある。機械文明が高度に発達した現在でもこれが変わっていない。

年齢をわりあい重んずるという点では中国もそうですね。台湾もそうです。中国の偉い人というのは、みんな年をとっています。東南アジアでは昔から戦乱が多かったから少し事情がちがいますが、インドではやはり年配の人を尊びます。いい悪いは改めて検討しなければなりませんが、国によってこういう違いがある。そしてそれが釈尊の問いに反映しているのです。

それから第五に、ヴァッジ人は、一族の婦女、童女を暴力をもって連れだし、捕え、押しとどめるようなことをしないかどうか。この問いにたいしても、アーナンダは「はい、そのようなことはいたしません」と答える。つまり婦人や少女を暴力を使って捕え拘禁するということはしない。これはやはり、よき習俗が保たれているということです。

ということは逆に、インドの辺境では力の強い男が婦女を襲って連れてくる、略奪結婚のようなことが日常のこととして行なわれていたということが、言外に含められているのです。けれどもヴァッジ人はそういう野蛮なことはしないというわけです。

それから第六に、ヴァッジ人は、都市の内外の霊場を敬い、尊び、あがめ、支持し、そして以前に与えられ、以前になされた法にかなったかれらの供物を廃することがないかどうか。すると答えは、「はい、そのようなことはいたしません」。

霊場とか霊域と訳されているのは、「チェーティヤ」という言葉です。サンスクリット語では「チャイトヤ」といいます。具体的には神聖な樹木を指していっていました。その下に聖者の遺骨などを納めていたのです。「チェーティヤ」という言葉は、「チター」からきています。「チター」は「積み重ねられたもの」という意味で、薪のことです。インドでは火葬のときに薪を積み重ねます。あれがチターです。火葬をするとお骨になる。それを大きな樹の下に置いて、土を盛って、祠堂、つまりお祭りをするお堂を建てる。これが当時の信仰だったと思います。ヴァッジ人はそういう習俗を守っていたということです。

第七にヴァッジ人は、真人《しんじん》たちに正当な保護と防御と支持とを与えているかどうか。まだ来たことのない真人たちがそこにやって来るか、また既に来た真人たちは領土の内に安らかに住まうことを願っているかどうか。「はい、その通りです」。

いま「真人」と訳しましたが、もとの言葉は「アルハット」です。一般には音を写して「阿羅漢《あらかん》」といいます。敬われるべき人、あがめられるべき人、尊敬に値する人という意味です。だからどの宗教でもいいのです。仏教では、仏陀の称号の一つとして「アルハット」といいます。それからジャイナ教でも、ジナ（祖師）がアルハットと呼ばれています。だから初期のころには、仏教もジャイナ教も同じ意味で「アルハット」といっていたのですね。

後世になると、仏教では、ブッダとアルハットを区別するようになりました。ブッダは仏さまで、アルハットは阿羅漢、つまり小乗仏教の聖者だと使い分けるようになったのです。これは後代の発展です。ジャイナ教では、古い意味をそのまま残していて、アルハットというのはジナのことで、ジナはまたブッダとも呼ばれています。

そういう人々をヴァッジ人は尊敬しているかどうか。宗教の区別は問題でないのです。区別の意識さえなかったでしょう。ただ、静かにじっと瞑想したり修行をしたりしている人がいれば、その人を尊ぶということです。その人がジャイナ教徒であるか、仏教徒であるか、アージーヴィカ教徒であるか、そういう区別はあまり問題にしなかった。

本当におのれの身を修めているかどうか。それが問題なのですね。そういう人であれば尊崇する。——のちに、これを釈尊の言葉として、あるいは初期の仏教徒の言葉として、あまねく願わしいこととして認めた。仏教という狭い領域を限って、仏教の教えに従っている人は尊崇するけれども、他の人は顧みないというのではない。宗教の区別という意識がなくて、本当の宗教的実践をしている人を尊ぶということです。

アーナンダが「その通りです」というので、そこで釈尊は、

「ヴァッジ人たちがこの七つを守っている間は、かれらは繁栄し、衰えることはないであろう」

といった。そう教えられて、ヴァッサカーラは答えました。

「このうち一つを具えているだけでも、マガダ王はヴァッジ人に手をつけることはできないでしょう。いわんやすべてを具えているなら、なおさらです」

そういって去って行った。

七つの法とは

この対話からどういうことがわかるでしょうか。まず共和の精神が強調されています。それから第二に観念的な保守主義です。第三に、いかなる宗教をも承認するという立場が見られます。

さらに、仏教の教化法の特徴がこの対話に見られるかと思います。王が「征服しよう、戦争をしかけよう」と思っていても、すぐに「そんなことはするな」とはいいません。まず聞いてみて、じわりじわりと必要条件を検討する。そして相手に、「これでは戦争などはじめてはいけないな」と自覚させるのです。これが仏教の独特の教化法であったと思います。

経典を見ると、そののち釈尊は、おおぜいの比丘、修行僧を集めて、ヴァッジ族の場合と同じように、教団がこういうようないい特徴を具えて、保ち続けている間は、衰えることはないだろうといわれた。そこまでは事実でしょう。

ただそこのところで、「王舎城にいる限りの修行僧を集めて」と書いてあるのです。そう何百人も集めたということは、これは考えられない。なぜかというと、鷲の峰は狭くて、上が岩山になっているのですね。お坊さんたちはどこにいるかというと、ところどころに洞窟があって、そこに住んでいたのです。一つの洞窟に一人か二人しか入れませんね。だから、全部あわせても知れたものです。

そして昼間は日光の直射が強いから、外にはいられない。だから外に出かけて行く人は、朝早く出かけて行かなければならない。昼間はとても動けない。そういうところです。

釈尊は講堂に彼らをお集めになった、とありますが、講堂なんてとてもあんなところには建てられないでしょうね。だからそういうところは、実際に現地と対照してみて初めて、おのずからクリティカルに扱うことができるのです。けれども、そのとき釈尊が表明された精神というのは、やはりこの経典に伝えられていると思います。

二　終わりなき旅路

パータリ村の予言

それから旅に出て行きます。王舎城のアンバラッティカーという園に王さまの別荘があった。そこへ行って、それからナーランダーに行った。ナーランダーは後には大学が作られてたいへん大きな街になりますが、この時は単なる村にすぎなかった。それからパータリ村に行きます。後にはパータリ村はインド全体の首都になります。しかしその時は単なる船着き場にすぎませんでした。

パータリ村に釈尊がお着きになると、信者たちは座から起ち、右肩を向けて釈尊のまわりを回り、休息所に近づきました。それから釈尊にあいさつして、かたわらに坐した。そして釈尊に申し上げた。

「休息所には一切の敷物が広げられ、席が設けられ、水瓶が置かれ、油灯が立てられました。どうぞおいでくださいませ」

油灯というのは油の灯火です。日本のろうそくとは違います。油を灯すのです。お皿みたいな形の燭台があってその中に、なたねなどの植物性の油を盛る。そして灯心を中につけて垂らし、その先に火をつけるのです。それが昔からのインドの灯火だったと思います。それから水瓶は、これはやはりインドは暑い国だから、いつも備え付けておかないといけない。今日にいたるまでそうです。

その時パータリ村では、先ほどのヴァッサカーラという大臣が都市を築いているところでした。まわりに城壁を築いて、外敵に備えようとしていたのです。それがやがて発展して、のちにパータリプトラという大都会になるのですが、それが釈尊の予言のかたちで経典に出ています。

「すぐれた場所であるかぎり、商業の地であるかぎり、パータリプトラは第一の都市であるであろう。そのパータリプトラには、三種の災難があるであろう。すなわち、火と水と内部からの分裂とによるものである」

やがてインドの首都となって栄えるだろう。けれどもまず火に焼かれるという災難が起こる。それから水、洪水に見舞われる。第三の内部からの分裂というのは、内部の抗争、軋轢です。釈尊がそういう予言をされたと、経典は述べています。

これはインド人のものの考え方を示しています。彼らは歴史書を残さなかった。そのかわりに、偉い聖者の予言のかたちで歴史的事実を記したのです。パータリプトラはのちに火で焼かれます。それから洪水に遭います。それに内部抗争が起こりました。その事実を「こういうことがありました」とは書かないのです。「未来にこういうことが起こるであろうと、聖者が予言なさった」というかたちで伝えているのです。だから、インドの文献で聖者の予言なるものを分析すると、歴史的事実がいろいろわかります。

それから釈尊はガンジス河を渡って、次々と各地を巡ってゆきます。どこに行っても信者たちに迎えられて、法話をなさったと書かれてあります。ただし、どこでどういう法話をされたかということは、伝えによって必ずしも一致しません。だから本当のところはよくわかりませんが、とにかく信者たちからたいへんな歓迎を受けたということ、それに対して、その場合場合に応じた教えを説いたということ、これは確かです。

遊女アンバパーリー

やがて北へ行って、ヴェーサーリーに赴きます。ヴェーサーリーは商業都市で共和制の政治を行なっていたといいます。ある意味では民主主義の国でした。

後世の仏伝ですが、釈尊が兜率天《とそつてん》という天界から地上に下生《げしょう》しようとしたときに、どこに生まれたらいいか自分で考えられたという話が残っています。その中に、ヴェーサーリーでは、都市の人たちが「われこそは王である」と口々に言い張っていて我が強いから、生まれる場所としてはふさわしくないと書いてあります。共和政治だから、めいめいの市民が主権者なのですね。それを後代の仏伝作者は好ましくないと考えたのです。好ましいか好ましくないかは別問題ですが、共和政治が行なわれていたのは事実です。なお、そのお話では、お釈迦さまはルンビニーがいちばんふさわしい場所だと思って、ルンビニーで誕生された。そう仏伝作者は結んでいます。

釈尊はヴェーサーリーに赴かれたけれども、都市の雑踏の中で過ごすわけにはいかない。雑踏から離れた、郊外の閑静な場所に住むことを望まれました。

この時、釈尊はアンバパーリーの所有する林に入って休息されました。アンバパーリーの「アンバ」は、果物のマンゴーのことです。「パーリー」は「守る女」という意味です。だから「マンゴー樹の園を守る婦人」という意味の名前です。ところでこのアンバパーリーは、インドの言葉でいうとガニカー、つまり遊女でした。あるいはサンスクリット語ではヴェーシャーともいいます。

遊女アンバパーリーは、釈尊がヴェーサーリーに来られて、自分のマンゴー林にいらっしゃるそうだと聞いて、麗しい乗り物に乗ってヴェーサーリーの外に出て、マンゴー園に赴きました。当時の高級な遊女というのはずいぶん富裕であって、こういう園林を持っていたりもしていたのです。インドでは若干の高級な遊女はたいへん富裕であって、寺院に非常に高価なものを寄進していたりします。こういう例はジャイナ教のほうでも見られます。

アンバパーリーは、容姿麗しく、財産もあり、物質的に豊かであったのみならず、商業都市ヴェーサーリーの繁栄は、彼女に負うところが多かったとさえ書かれています。

ヴェーサーリーは富み栄え、人民も多く、物資も豊かで、七千七百七の宮殿、七千七百七の重閣、七千七百七の遊園、七千七百七の蓮池があったといいます。そこに遊女アンバパーリーがいて、容姿端麗でみめうるわしく、美貌にすぐれ、蓮華のような容色があり、舞踊、歌謡、音楽をよくし、求愛する人々に言い寄られ、一夜にして五十金を受けたといいます。彼女の存在によってヴェーサーリーはますます繁栄した。そう書かれているのです。

一夜に五十金や百金を受ける遊女によって代表されるような都市の文化、これは当時すでに貨幣経済が相当進展していたことを示すものです。それは、ヴェーサーリーが商業都市であったことと、ちょうど裏腹の事実だったと思います。

美貌を誇っていた彼女も、年老いては老いにおかされる悲しい運命を免れえなかったという告白が、「テーリーガーター」という尼僧の告白を集めた詩句の集成のなかに詳しく出ています。

後世になると、アンバパーリーは、インドを代表する美女のようにいわれるようになります。インドの飛行場などでみやげ物を売っているなかに、きれいな女性の人形がある。これは誰だと聞くと、「アンバパーリーだ」と答えるのです。驚きました。「誰が買って行くのか」と聞くと、「日本人もよく買って行く」ということで、どうもやぶ蛇になってしまいました。

アンバパーリーは、釈尊が自分の林のなかで休んでおられるということを聞いてやってきた。当時の修行者は、誰の所有する林であろうと、そんなことは問題にせず、自由に立ち入って休んでよかったのですね。尺寸の土地を争うなどという、今の日本のようなせちがらいことはなかったのです。

アンバパーリーは釈尊が休息しておられるところに来て、「ようこそおいでくださいました。どうぞ明日は私の家でご飯を召し上がってください」とお願いした。釈尊は、沈黙によって同意を示された。お経を読むとよく出てきますが、仏さまがイエスともノーともいわずに黙っている。これは承諾の印なのです。

するとその後で、ヴェーサーリーのリッチャヴィ族、これは貴族ですが、その一族の若者たちが大勢でやってきて、釈尊に「どうぞ私どものところへおいでください」とお願いした。釈尊は、「リッチャヴィ人らよ、私はすでに明日アンバパーリーから食事を受けることを約束している」とお答えになった。貴公子たちは、「ああ残念だ。われわれはたかが婦女子に負けてしまった。ああ残念だ。われわれはつまらぬ婦女子にだまされた」といって、仕方がないので、指を弾いて音を立てて帰っていきました。

この有名な伝説を分析すると、まず、古代インドでは遊女でも社会的に地位があり、富裕であり、日本の平安時代の白拍子のようなものだった、ということがわかります。それから、釈尊は人を差別しなかった。誰からの申し出であっても、先約があれば断わり、約束を尊重したのです。

自らを洲とし、法を洲とせよ

こうして釈尊がそこにとどまっている間に雨季に入った。するともう動くことはできないから、そこでじっとしている。弟子たちには、めいめいでつてを頼って、どこかの家に落ち着いて雨季を過ごすようにいった。別れて住んだのです。

釈尊が雨季の定住に入られたとき、恐ろしい病いが生じ、死ぬほどの激痛が起こった。けれども釈尊は、禅定に入ってこの激痛を耐え忍ばれました。

アーナンダは釈尊に近づいて、最後の説法を懇請しました。すると釈尊は説かれました。

「アーナンダよ。修行僧らは私に何を期待するのであろうか。私は、内外の区別なしにことごとく法を説いた。まったき人の教えには、何ものかを弟子に隠すような、教師の握りこぶしは存在しない」

すべて自分の知りえたこと、さとったことは、すでにみんなに伝えてあるというのですね。経典の他の個所にも出ていますが、釈尊の教えは日月のごとく輝いている。あらゆる人を照らす、普遍宗教になっているのです。ヴェーダの宗教、ウパニシャッドの哲学がごく一部の限られた人々に伝えられたのと、この点でまったく異なっています。さらにこういう言葉があります。

「〈私は修行僧の仲間を導くであろう〉とか、〈修行僧の仲間は私に頼っている〉とか、このように思う者こそ、修行僧の集いに関して何ごとかを語るであろう。しかし、向上につとめた人は、〈私は修行僧の仲間を導くであろう〉とか、あるいは〈修行僧の仲間は私に頼っている〉とか思うことがない。向上につとめた人は修行僧の集いに関して何を語るであろうか」

「向上」という言葉、これは禅の言葉にもなっています。修養、修行につとめるという意味です。釈尊には「おれがこの仲間を導くのだ」という意識はなかった。では何が導くのか。それはダルマ（法）である。人間の真実、それが人を導くのである。

「アーナンダよ。私はもう老い朽ち、齢を重ね老衰し、人生の旅路を通り過ぎ、老齢に達して、わが齢は八十となった。たとえば古ぼけた車が革紐の助けによってやっと動いていくように、私の身体も革紐の助けによって長らえているのだ。……。

この世で自らを島とし、自らをよりどころとし、他人をよりどころとせず、法を島とし、法をよりどころとし、他のものをよりどころとせずにあれ」

自分に頼れ。他のものに頼るな。「自分に頼れ」というのはどういうことか。それは、自分を自分たらしめる理法、ダルマに頼るということである。

この強い確信は、ダルマに基づいているという自覚から現われます。「百万人といえども、われ行かん」という言葉がありますね。百万人の人がぜんぶ自分に反対しても、自分はこの道を行く。なぜ「この道を行く」とあえて言い切れるのか。自分の行こうとしているこの道が、人間のあるべき道、あるべきすがたにしたがっているからです。だから他の人がどんなに反対しても、自分はこの道を行くのだといえる。すると、「自分に頼る」ということと「法に頼る」ということは、実は同じことなのです。釈尊の説法に、この点が明快に示されています。

そして「自らを島とせよ」と説かれました。「島《しま》」というより「洲《す》」といったほうがいいように思います。漢訳にも「洲」という字が出ています。原語はディーパです。「自らを洲とする」というのはどうもわかりにくいかもしれません。これはインド人の生活環境を念頭において考えれば、理解しやすいと思います。

インドの洪水は、日本とはずいぶん様子が違うのです。日本は山国で、川もだいたいが急流でしょう。だから洪水が起こると水がどっと流れてきて、何でもかんでも押し流してしまう。ところがインドの洪水は、押し流すというよりも、いたるところで水が氾濫するのです。だだっぴろいところに水がずうっと及んできて、一面が水浸しになる。ものが押し流されることもあるにはありますが、押し流されないでただ水浸しになってしまうという場合が、非常に多いのです。

インドでは、土地が平らだから、地面に立って向こうを見渡しても、山なんか見えないところが多いのです。日本で山が見えないところというと、たとえば関東平野ですが、それでもお天気のいい日で空気が澄んでいると、秩父の山が見えますね。ところによっては富士山も見えますね。ところがインドだと、ウッタルプラデーシュ州、ビハール州、オリッサ州などでは、山が見えないのです。ただ一面にずうっと地面が広がっている。

そういうところが水浸しになると、一面の海のようになる。その中で人間はどうするかというと、土地が平らとはいっても多少の高低はあるから、ちょっと高くなっていて水浸しにならない場所で難を避けるのです。それが「洲」です。

日本で「洲」というと川中島みたいな場所を考えますが、そうではないのです。あたり一面が水浸しになって、ちょっと高いところだけが水につかっていない。そこへみんな逃げていくのです。だから「洲」というのは、頼りになるところという意味になるのです。ときにはそこに木がそびえていたりする。退屈すると彼らは木の上に上ったり、親しい友だち同士でチェスなんかして遊んでいる。それがインド人にとっての洪水です。釈尊の言葉も、そういうところから来ているのです。

ところがこれはやはりシナ人には理解しにくかったのでしょう。「ディーパ」には

「洲」という意味の他に、もう一つ「灯明《とうみょう》」という意味があります。語源は全然違います。同音異義語ですね。ところが、シナ人が漢訳するときには、「ディーパ」をこの意味に解釈して、「自己を灯明とせよ、法を灯明とせよ」とした。この方がシナ人、日本人にはわかりやすい。とくに日本人には圧倒的にわかりやすいですね。

親鸞聖人の和讃にもあります、「無明長夜《むみょうじょうや》の灯炬《とうこ》なり　智眼くらしとかなしむな」。

われわれは精神的な暗黒の中に閉ざされている。その中に光明を与えていただくんだ。このほうが理解しやすいし、ぴんとくるのですね。だから日本では「自灯明、法灯明」という解釈が一般に行なわれています。趣旨からいえば、それでもいっこうにかまわないと思います。ただ風土的な背景が違うのですね。

ヴェーサーリー出立——故郷への道

雨季が過ぎると釈尊はいよいよヴェーサーリーを去って、また旅路を続けます。出発のとき、ヴェーサーリーの郊外の高い峠から振り返ってみて、そして感懐をもらした。

「アーナンダよ、ヴェーサーリーは楽しい。ウデーナ霊樹は楽しい。ゴータマカ霊樹は楽しい。サッタンバカ霊樹は楽しい。バフプッタ霊樹は楽しい。サーランダダ霊樹は楽しい。

チャーパーラ霊樹は楽しい」

こういう文句が繰り返されています。これは、土饅頭のような塚があって、その上に木が繁っている。霊樹におおわれている。そこが楽しいと見たのでしょう。

さらにサンスクリットのテキストには釈尊の感懐として、

「ああ、この世界は美しいものだし、人間の命は甘美なものだ」

という言葉があります。ここを漢訳では、

「この世界の土地は五色もて画いたようなもので、人がこの世に生まれたならば、生きているのは楽しいことだ」

とあります。

釈尊はこのとき、もう自分の運命には気づいておられたと思います。この世を去るにあたって、恩愛の情に打たれ、人生というのは奥深い、味わいのある、楽しいものだという感懐をもらされたのです。ここには多分に釈尊の率直な感懐が出ていると思います。

これは後代の伝統的、保守的仏教の教義では、あまり好ましくないことなのですね。さとったはずの修行者が、「この世はいいところだなあ」などといったら、さとっていないということになるのでしょう。だから後代の教義学者から見ると、都合の悪い発言です。

けれども経典の中に、お釈迦さまの言葉としてはっきりと残されているということは、やはりお釈迦さまの人間としての正直な感懐が現われているから、後代の人もこの部分を消し去ることができなかったのだろうと思います。

釈尊はさらに旅を続けます。

「わが齢は熟した。わが余命はいくばくもない。汝らを捨てて私は行くであろう。私は自己に帰依することをした。修行僧らよ、汝らは精励にして正しく気をつけ、よく戒めを保ってあれ。思惟によってよく心を統一し、おのが心を守れ。この法と律とに精励するであろう者は、生の流転を捨てて、苦しみの終末をもたらすであろう」

このような言葉を伝えられています。

釈尊はガンジス河を渡ってヴェーサーリーに入り、そこで雨季を過ごしました。そこからまた旅をして、自分の生まれ故郷を目ざして行きます。そして、生まれ故郷に達しないうちに亡くなるのです。

人間は若くて丈夫なときには、異国にあって大いに活動します。けれども年老いて死期が迫ると、やはり国に帰って死にたいと思うことがあるのではないでしょうか。あるいは、もう一度自分の生まれ故郷を見てから死にたいと思う。

釈尊にも同じ気持ちがあったのでしょう。インドとネパールとでは風土もかなり違いますから、自分の生まれ故郷のことを考えられて、もしできれば、生まれ故郷に帰って死にたいという気持ちがあったのではないでしょうか。これは私の想像ですが……。

日本人の中にも、若くして外国に渡り、ハワイとかカリフォルニアなどで事業を興して、非常に成功している方がたくさんおられます。そういう方たちが、「日本から何を送ってもらいたいか」と尋ねられたときに、なんと答えるか。みなさん一致しておっしゃるのは、「日本の墓石がほしい」ということだそうです。

そういう方々の気持ちを想像してみると、釈尊の心情も理解できるのではないでしょうか。お釈迦さまが八十歳をすぎて、裸足に近いかっこうで何百里も歩くのは、容易なことではないですよ。その旅をあえてしたというところには、やはり故郷を憶う心情があったような気がします。

三　最後の説法

きのこか豚肉か――チュンダの供養

釈尊は続いてパーヴァーというところに赴きます。そこで鍛冶工のチュンダの供養を受けます。「鍛冶工」と訳されていますが、「金属工」といってもいいでしょう。

バラモン教のカースト制度によると、鍛冶屋さんというのはあまり身分が高くありませんでした。どちらかというと低くみられています。一般に技術を扱う職人はおとしめられていたのです。そういう身分の人の供養も、釈尊は喜んで受けた。古いカーストの観念を破っていたのです。

その時に供養として出された食物にあたって、それで体をこわして釈尊は体力を失い、衰弱しながらも旅を続けたと、経典は述べています。

その時に釈尊が食べたのは何だったのでしょう。パーリ語では「スーカラ・マッダヴァ」となっているのですが、これが何を意味するのか、学界でもまだわかっていません。のみならず西暦紀元四世紀のころに、すでにこの言葉の意味がわからなくなってしまっていたのです。四世紀ころの大学者で、ブッダゴーサという偉いお坊さんがいて、このお経に注釈を書いています。その中で、この「スーカラ・マッダヴァ」という言葉の意味として、いろいろな解釈を挙げています。ただブッダゴーサ自身の解釈として、どれが正しいとはいっていないのです。

一つの解釈は、「スーカラ」というのは「豚」と解釈できる。「マッダヴァ」は「柔らかい」という意味だから、柔らかい豚肉だというのです。

漢訳では「きのこ」（栴檀樹耳《せんだんじゅに》、栴檀耳）となっています。そこで、どちらが正しいかという議論になるのですが、釈尊時代のインド人が豚肉を食べたかどうか、これは疑問なのですね。

私もインドに行ったことのある人にいろいろ聞いて、インド人が豚肉を食べるのかどうか、よく議論いたします。インドでは、豚といっても猪みたいなのを飼っていますが、あれでは肉は硬いでしょうね。

スリランカの坊さんの解釈では、豚肉ということになっています。スリランカのお坊さんは何でも食べるのです。托鉢に行ったときに肉を出されても、自分が殺したのでなければ食べてもかまわないというのです。確かにこれは戒律でも認められています。むろん、スリランカにも純粋な菜食主義を守っているお坊さんもいます。けれども一般のお坊さんは何でも食べるから、「豚肉」と解釈しても抵抗がないのです。

しかし漢訳の仏典に「きのこ」と書かれてあるのも無視できません。

先年、この「きのこ」説について膨大な文献が出版されました。著者はアメリカのマッソンという学者で、この人はお医者さんだそうです。『リグ・ヴェーダ』の中に「ソーマ酒」というのが出てくるのですが、その「ソーマ」というのが何のことだか、いまだにわからない。マッソンさんは、ソーマがきのこの一種であると主張して、非常に厚い本を出したのです。

写真がたくさん入った本で、初版は一冊何万円もしました。これでは買う人もいないだろうと思っていたら、そのうちペーパーバックが出ました。私はペーパーバックのを買いましたが、それでも相当高価でした。その本の最後のところに、きのこ論議が出ています。

最近またマッソンさんが釈尊入滅のときの食べ物が何だったか、釈尊が何に中毒したのかをくわしく論議して、"Journal of American Oriental Society" というアメリカの学術雑誌に長い論文を掲載しています。ここでもやはり、きのこだといっています。

本当のところは今でもよくわかりません。細かい議論を今ここでご紹介することはできませんが、先ほど述べた『遊行経』の国訳の注記のなかで、あらゆる学説を紹介しておきましたから、関心のある方はそちらをごらんになってください。

釈尊が召し上がった食べ物の正体は別として、ここでわれわれが得られる教訓は、お弟子さんたちが「チュンダが捧げたあの食べ物にあたったのですね」といったところ、お釈迦さまは、

「いやいや、そんなことはない。チュンダが捧げてくれた食物は、非常に功徳のあるものだ。いままで私が食べた食物のうちで、さとりを開いた直後に二人の商人が捧げてくれた食物、それから鍛冶工チュンダが捧げてくれた食物、これは特別に功徳がある」

と言って、チュンダへの心遣いを示しておられることです。こういうところは、たいへん現実的に描かれています。

臨終の地クシナーラー

いよいよ臨終の地クシナーラーへ向かって行きます。そのあたりでは、お釈迦さまの疲れた姿がよく描かれています。

「尊師は道から退いて、一本の樹の根本に近づかれた。近づいてからアーナンダに言った。

『さあ、アーナンダよ。おまえは私のために上衣を四重にして、四つにたたんで敷いておくれ。アーナンダよ。私は疲れた。私は坐りたい』

するとアーナンダは答えた、『かしこまりました』。

そして師は設けられた座に坐った。坐ってからアーナンダに言った。

『さあ、アーナンダよ。私に水を持ってきておくれ。私はのどが渇いている。私は水が飲みたいのだ』」

こういうところにも非常に人間的な描写が出ています。

結局クシナーラーというところで亡くなるのです。パーリ語で「クシナーラー」、サンスクリット語の仏典では「クシナガリー」です。世間の人は、学者でも「クシナガラ」といっていますね。「クシナーラー」というパーリ語をサンスクリット語に直すと「クシナガラ」となりますから、それでもいいのですが、仏典に出てくるかたちは「クシナガリー」です。

「ナガラ（＝都城）」は中性形で、「ナガリー」となると女性形です。意味は同じですが、「ナガリー」と女性形を使ったほうが、美文的で詩的になるのです。だから文芸作品では「ナガリー」といいます。

「デリーという都」という場合でも、「デリー」はサンスクリット語あるいはヒンディー語では「ディッリー」というので、「ディッリーナガラ」といってもいいけれども、「ディッリーナガリー」というほうが、よく優美だといいます。そういう区別があります。

ただ現地へ行くと、「クシーナガル」といっています。「クシー」と長く発音しています。それからヒンディー語などでは、語の末尾のa音は発音しないのです。私はネパールの書物も調べてみたのですが、やはり「クシーナガル」となっています。

どれでもたいした違いはないわけですが、いろいろな名称の違いを説明すると、今述べたようなことになります。私は自分ではだいたい、「クシーナガル」ということにしております。

最後の説法

ヒラニヤヴァティーという河の向こうに林がある。そこに赴いて釈尊はアーナンダに告げました。

「さあ、アーナンダよ。私のためにサーラの双樹の間に、頭を北に向けて床を敷いてくれ。アーナンダよ。私は疲れた。横になりたい」

非常に生き生きと、写実的に叙述してあります。

するとアーナンダは「かしこまりました」と答えて、サーラの双樹の間に、頭を北に向けて床を敷いた。

「サーラ」はサンスクリット語では「シャーラ」です。これが漢訳で「沙羅双樹《さらそうじゅ》」となるのですね。

「そこで尊師は右脇を下にして、足の上に足を重ね、師子座をしつらえて（獅子のように臥して）、正しく念い、正しく心をとどめていた」

現在クシーナガルに行くとお寺があって、シャーラの樹がたくさんあります。しかし、お釈迦さまが亡くなったときの沙羅双樹が、どのあたりにあったかはわかりません。

右脇を下にして寝るのは、生理学的にもいいのだそうです。心臓が上の方にくるので圧迫されない。今の教養あるインド人の間でも、それがよい寝かただということになっているそうです。

それから「頭を北に向けて」とあります。北枕というわけです。若干のインド人の学者に聞いてみると、これはバラモンの作法だといいます。ところが他の学者にいわせると、そんなことはない、その時たまたま枕を北にしていただけだというのです。

これについては、私もまだ典籍などによくあたっていないのでわからないのですが、あるいは、そういう慣習があったのかもしれません。けれども北枕が望ましい寝かたであるという理解がすでに失われているので、相当の仏教学者でもその由来を知っていません。これが日本へ来ると意味が違ってきて、北枕というと縁起が悪いというような意味になってしまいました。

そして最後の説法がなされる。お弟子たちが泣きます。

「やめよ、アーナンダよ。悲しむなかれ、嘆くなかれ。アーナンダよ。私はかつてこのように説いたではないか。すべての者は、愛するもの、好むものから別れ、離れ、異なるにいたるということを。あらゆるものは、生じ、存在し、作られ、破壊さるべきものであるのに、それが破壊しないということが、どうしてありえようか。アーナンダよ。長い間おまえは、慈愛のある、人のためをはかる、安楽な、純一なる、無量の、身と言葉と心との行為によって、向上し来たれる人（＝釈尊）に仕えてくれた。アーナンダよ。おまえは善いことをしてくれた。つとめはげむことを行なえ。すみやかに汚れのないものとなるであろう」

死にゆく人の言葉には痛切に訴えるものがありますね。無常説によって嘆き悲しむ人を

涅槃　左、立ちつくすアーナンダ（スリランカ・ポロンナルワ）

なぐさめる。これは歴史的人物としての釈尊に由来するものではないでしょうか。

『マハーパリニッバーナ・スッタンタ』によると、その時いろいろな人が訪ねてきて、はては釈尊に質問しようとする人もいました。スバッダという修行者がやってきて、意地悪い質問をしようとした。それにたいする釈尊の答えは、

「スバッダよ、私は二十九歳で善を求めて出家した。私は出家してから五十年あまりとなった。正理《しょうり》と法の領域のみを歩んできた」

「正理」というのは正しい道理で、「ニヤーヤ」といいます。「法」は「ダルマ」ですね。

「これ以外には道の人なるものは存在しない」

真実の道を求める人というのは、これ以外にありえない。正しい道理を自分は追求してきたというのです。

そしてやがて釈尊は亡くなられました。

釈尊が亡くなった日

ではお釈迦さまが亡くなったのはいつかということですが、これは記録がないからわかりません。日本では、二月十五日が涅槃会《ねはんえ》だとされていますが、南アジアの国では、ヴァ

イシャーカ月の満月の日に、お釈迦さまに関するあらゆることを祝います。釈尊の誕生も、成道も、入滅も、みんな一度に祝う。このヴァイシャーカ月というのが、インドでいうと第二の月です。それで二月です。十五日というのは満月で尊い。二月十五日というのは、そこに由来しているのです。

ちなみに、八日という日も「ウポーサタ（＝斎戒）」という伝統的な行事を行なう尊い日です。シナの古い時代の暦では、第二の月が四月にあたる。それで四月八日をお釈迦さまの誕生日にした。

それからシナの古い暦の中には、十一月から始まる暦があるそうです。すると第二の月というのは十二月になる。八日が先ほど述べたような由緒ある日だというので、十二月八日を成道の日としたのです。

インドという国は、一年中暑いから、時候の差別がない。誰に会っても、朝会っても「ナマステー」、あるいは「ナマスカール」ともいいますが、晩に会っても「ナマステー」です。「お暑うございます」や「お寒うございます」がないのです。人間の奥にあるものを尊んで、「ナマステー」というのでしょう。

ところが日本は時候の差が非常に激しい。一日のうちでも変わるし、春夏秋冬みんな違うでしょう。季節の感覚が非常に敏感なのです。するとお釈迦さまの誕生も成道も涅槃も同じ日に祝うのでは、感じが出ないのです。分けなくてはいけない。

ご誕生は、四月八日というのが、なんとなく花が満開で楽しそうだ。十二月八日は、秋も過ぎて、気がひきしまるような感じがする。だから成道にいい。それから二月、如月《きさらぎ》のころは寒風がつんざき、寂しい感じがする。だからお釈迦さまの涅槃にふさわしい。こういうふうに分けないと、日本人の感覚には合わないのです。

この解釈は、すでにシナの漢訳仏典にもでています。

しかし、もとのインド、あるいはスリランカやネパール、その他南アジアの国々では、何もかもぜんぶ一度に祝ってしまうのですね。ヴァイシャーカ月の満月の日というと、年によって少しずつ違いますが、だいたい五月の中頃になります。

以上ゴータマ・ブッダの生涯のうちで主要な出来事を学問的に検討したうえでお伝えしたわけです。詳細を尽くすことはできませんでしたが、かれはわれわれと同じように、生まれ、成長し、活動して、ついに死んだ一個の人間であったということが、おわかりいただけたことと思います。人間としての一生という視点から検討すると、かれは、じつに立派な、慕わしい、やさしい人でありました。だからこそかれは、ひろく地球の上で、無数の多くの人々から尊崇され、頼りとされ、仰がれるにいたっているのです。

著者略歴

1912年　島根県松江市に生まれる。
1936年　東京大学文学部印度哲学科卒。
1943年　文学博士。
1954年　東京大学教授。
1970年　財団法人東方研究会設立。
1973年　東方学院設立、東方学院長。東京大学名誉教授。
1977年　文化勲章受章。
1984年　勲一等瑞宝章受章。
1999年　逝去。

著書に、『中村元選集〔決定版〕』全40巻、『構造倫理講座』全3巻、『中村元の仏教入門』（春秋社）、『論理の構造』全2巻（青土社）、『初期ヴェーダーンタ哲学史』全5巻（岩波書店）、『仏教語大辞典』全3巻（東京書籍）、ほか多数。

ブッダ入門

一九九一年九月一〇日　初　版第一刷発行
二〇一一年二月一〇日　新装版第一刷発行
二〇二二年六月三〇日　新装版第九刷発行

著　者　中村　元
発行者　神田　明
発行所　株式会社春秋社
東京都千代田区外神田二―一八―六（〒一〇一―〇〇二一）
電話〇三―三二五五―九六一一　振替〇〇一八〇―六―二四八六一
https://www.shunjusha.co.jp/
印刷所　萩原印刷株式会社
写　真　丸山　勇
装　丁　本田　進

定価はカバー等に表示してあります

ISBN 978-4-393-13393-4

決定版　中村元選集　全32巻別巻8巻

第1巻　インド人の思惟方法　東洋人の思惟方法Ⅰ
第2巻　シナ人の思惟方法　東洋人の思惟方法Ⅱ
第3巻　日本人の思惟方法　東洋人の思惟方法Ⅲ
第4巻　チベット人・韓国人の思惟方法
　　　　東洋人の思惟方法Ⅳ
第5巻　インド史Ⅰ
第6巻　インド史Ⅱ
第7巻　インド史Ⅲ
第8巻　ヴェーダの思想
第9巻　ウパニシャッドの思想
第10巻　思想の自由とジャイナ教
第11巻　ゴータマ・ブッダⅠ　原始仏教Ⅰ
第12巻　ゴータマ・ブッダⅡ　原始仏教Ⅱ
第13巻　仏弟子の生涯　原始仏教Ⅲ
第14巻　原始仏教の成立　原始仏教Ⅳ
第15巻　原始仏教の思想Ⅰ　原始仏教Ⅴ
第16巻　原始仏教の思想Ⅱ　原始仏教Ⅵ
第17巻　原始仏教の生活倫理　原始仏教Ⅶ
第18巻　原始仏教の社会思想　原始仏教Ⅷ
第19巻　インドと西洋の思想交流
第20巻　原始仏教から大乗仏教へ　大乗仏教Ⅰ
第21巻　大乗仏教の思想　大乗仏教Ⅱ
第22巻　空の論理　大乗仏教Ⅲ
第23巻　仏教美術に生きる理想　大乗仏教Ⅳ
第24巻　ヨーガとサーンキヤの思想
　　　　インド六派哲学Ⅰ
第25巻　ニヤーヤとヴァイシェーシカの思想
　　　　インド六派哲学Ⅱ
第26巻　ミーマーンサーと文法学の思想
　　　　インド六派哲学Ⅲ
第27巻　ヴェーダーンタ思想の展開
　　　　インド六派哲学Ⅳ
第28巻　インドの哲学体系Ⅰ　『全哲学綱要』訳註Ⅰ
第29巻　インドの哲学体系Ⅱ　『全哲学綱要』訳註Ⅱ
第30巻　ヒンドゥー教と叙事詩
第31巻　近代インドの思想
第32巻　現代インドの思想

別巻　世界思想史　全4巻
1　古代思想
2　普遍思想
3　中世思想
4　近代思想

別巻　日本の思想　全4巻
5　東西文化の交流
6　聖徳太子
7　近世日本の批判的精神
8　日本宗教の近代性